Wolfgang Mayer

KOHLHAMMER
ISLAM UND TOLERANZ
ZU KLAMPEN

Reihe zu Klampen Essay
Herausgegeben von
Anne Hamilton

Siegfried Kohlhammer,
Jahrgang 1944, studierte Ger-
manistik, Philosophie und Romani-
stik. Er lebt in Berlin und in Tokio
und arbeitet als Autor und Übersetzer. Seine Beiträge erscheinen regel-
mäßig in der Zeitschrift »Merkur«. In
den vergangenen Jahrzehnten hat er
sich immer wieder mit dem Islam
in der Geschichte und der Situation
der muslimischen Migranten hierzu-
lande auseinandergesetzt. Als Buch
veröffentlichte er zuletzt »Die Freunde
und die Feinde des Islam«
(Göttingen 1998).

SIEGFRIED KOHLHAMMER

Islam und Toleranz

Von angenehmen Märchen
und unangenehmen Tatsachen

zu Klampen · Essay 2011

Inhalt

Anstelle eines Vorworts

Ich bin ein selbsternannter Islamkritiker!
Oder: »Legitimiern S'Ihna!«

KRITIKER des Islam, des kulturellen Systems des
Islam oder auch nur einzelner Aspekte davon, können sicher sein, früher oder später »selbsternannte
Islamkritiker« genannt zu werden, und das nicht nur
von Muslimen, islamischen Gelehrten oder Geistlichen, von muslimischen oder nichtmuslimischen
Islamforschern, sondern auch von säkularen Laien,
vor allem im Feuilleton seriöser deutscher Zeitungen – von selbsternannten Islamkritiker-Kritikern
sozusagen. Googelt man die Wortkombination, er-
hält man mehr als 20.000 Treffer, versucht man
dasselbe mit »selbsternannte Atomkraftkritiker«
erzielt man ein paar Dutzend Treffer, von denen
keiner diese Wortkombination wörtlich enthält.
Noch seltener sind »selbsternannte Faschismuskri-
tiker« oder »selbsternannte Kommunismuskriti-
ker«; die »selbsternannten Kapitalismuskritiker«
bringen zwar fast 4.000 Treffer, aber nur einer
davon gibt die Wortkombination wörtlich wieder.
»Selbsternannte Stuttgart-21-Kritiker« gibt es nicht
einen, auch wenn das Stichwort massenhaft Treffer erzielt. Islamkritiker scheinen auffällig oft zur
Selbsternennung zu neigen. (Dagegen gibt es zwar
zahlreiche »Religionskritiker«, aber keine »selbst-

7

ernannten« – das versteh, wer will. Nimmt man dieses Ergebnis als Indiz ernst, dürfte es zwar unautorisierte Religionskritik geben, nicht aber die einer bestimmten Religion, des Islam.)

»Selbsternannt« ist keine neutrale Bezeichnung, noch weniger ein Lob: Es ist deutlich negativ, bezeichnet einen illegitimen Anspruch. »Das Attribut *selbsternannt* ist kein Kompliment an den Selfmademan. Es ist ein Schimpfwort, und zwar eins der tückischen, durch nichts widerlegbaren, gegen die der Beschimpfte wehrlos ist. Was es ihm an den Kopf wirft, ist eine Art Amtsanmaßung: daß er sich als etwas ausgibt, wozu er nur von anderen gemacht werden könnte«, schreibt Dieter E. Zimmer in der ZEIT (Zeitspiegel) vom 23. September 1999. Generell soll damit eine nicht erwünschte Meinung, vor allem eine Kritik delegitimiert werden: »Selbsternannter Kritiker« bringt es auf über 90.000 Treffer bei Google, wobei jede Art mißliebiger Kritik so bezeichnet werden kann – betreffe sie Filme oder Popmusik, die Politik sowieso, selbst ein »selbsternannter Klitschko-Kritiker« findet sich so gegeißelt. (Die »selbsternannten Experten« bringen es auf über 70.000.) Anders als Zimmer meine ich aber, daß dieses »Schimpfwort« durchaus widerlegbar ist (soweit es einen faktischen Kern impliziert) und man sich sehr wohl dagegen wehren kann.

Was die Wirkungskraft dieses Schimpfworts ausmacht, ist die Tatsache, daß es einen Bereich gibt, in dem es sinnvoll angewendet werden könnte: wo bestimmte Tätigkeiten oder sprachliche Äußerungen (wie etwa ein Gerichtsurteil oder eine ärztliche Diagnose, aber auch Kritik, Peer-Review zum Beispiel) tatsächlich Expertenwissen und -fähigkeiten, und zwar von zuständigen Institutionen anerkannte, voraussetzen. Das reicht vom Klempner und Dachdecker bis zum Richter oder Chirurgen. Wir ließen uns ungern von einem, dem die entsprechenden Voraussetzungen fehlen, den Blinddarm operieren oder über den Atlantik fliegen (oder auch nur eine Heizung installieren), weil wir davon ausgehen, daß das Vorhandensein derartiger anerkannter Befähigungen eine hohe Wahrscheinlichkeit des Gelingens bedeutet, deren Fehlen dagegen ein hohes Risiko. Das Vortäuschen einer derartigen offiziell oder institutionell anerkannten Befähigung wird aber in der Regel nicht mit dem Wort »selbsternannt« bemängelt, sondern eben als Täuschungsmanöver, als »Hochstapelei«. So bestraft der § 132a des Strafgesetzbuches den Mißbrauch von Titeln, Berufsbezeichnungen und Abzeichen. »Geschütztes Rechtsgut«, schreibt Wikipedia dazu, »ist der Schutz der Allgemeinheit vor dem Auftreten von Personen, die sich durch unbefugten, d. h. nicht ›verdienten‹ Gebrauch von Bezeichnungen den Schein besonderer Funktionen, Fähigkeiten und Vertrauenswürdigkeit geben.« Eben das *insinuiert* – heimtückisch, wie Zimmer richtig bemerkt – die Formulierung »selbsternannter Islamkritiker«, die den Vorteil hat, die juristische Terminologie zu vermeiden, die

9

allzu offensichtlich auf den Fall von Islamkritik nicht zutrifft. Kritische Äußerungen über den Islam, so wird dabei stilschweigend unterstellt, bedürfen einer amtlich oder anderweitig anerkannten Befähigung (eines abgeschlossenen einschlägigen Fachstudiums zum Beispiel) und einer Approbation durch zuständige Autoritäten; wer darüber nicht verfügt, soll von Islamkritik Abstand nehmen, wie einer, der nicht Medizin studiert hat, auf die Behandlung von Patienten verzichten muß.

»Haben Sie überhaupt Abitur?« fragte Franz Josef Strauß einst einen, der ihm mit kritischen Fragen zusetzte.[1] »Selbsternannter Islamkritiker« läßt den gleichen autoritätsgläubigen Geist erkennen. Es wird fälschlich unterstellt, daß es in unserer Gesellschaft besonderer oder gar offizieller Berechtigungsnachweise bedarf, um Kritik üben zu dürfen. Richtig ist vielmehr, daß in einer freien Gesellschaft jeder jeden und alles kritisieren kann – und zwar auch dann, wenn er Schulabbrecher ist und von Tuten und Blasen keine Ahnung hat. Das ist bitter für die Leute mit Abitur oder einem abgeschlossenen Hochschulstudium, aber so ist es. Historisch war es eines der Hauptargumente der Gegner der Demokratie, daß die ignorante Masse, der illiterate Pöbel, der von Policey- und Cameralwissenschaft, Diplomatie

---

1 Die Äußerung wird in mehreren (minimalen) Variationen tradiert, und auch der Anlaß dazu wird unterschiedlich beschrieben, was aber für das hier dazu Gesagte irrelevant ist.

und Völkerrecht nicht nur keine Ahnung hatte, sondern nicht einmal von deren Existenz wußte, mitreden und die Geschicke des Gemeinwesens mitbestimmen sollte: »Vox populi – vox Rindvieh«, um noch einmal den wortgewaltigen F.J. Strauß zu zitieren. Und es ist ja auch nicht so, daß es an Beispielen dafür fehlte. Nur fehlt es eben auch nicht an entsprechenden Beispielen auf der Seite der Studierten und der Experten.[2] Insgesamt hat sich das Prinzip der freien Meinungsäußerung, und das kann, wie gesagt, auch »frei von jeglichen Kenntnissen« bedeuten, bewährt. Wer sich ahnungslos öffentlich zur Quantenphysik, Steuerreform oder Mediävistik äußert, riskiert, daß ihm niemand zuhört, und wenn ihm jemand zuhört, daß er sich lächerlich macht: Das sind schon zwei ziemlich starke – und offenbar ziemlich erfolgreiche – Verhinderungs- und Blockierungsmechanismen. »Selbsternannte« Kritiker abzulehnen, ist Ausdruck einer vormodernen, antiliberalen und undemokratischen Geisteshaltung, und insofern verwundert es nicht, sie bei den Verteidigern des Islam anzutreffen.

Um eine unzutreffende Islamkritik zu kritisieren und zu delegitimieren, genügt eben die Bezeichnung »selbsternannt« nicht, es bedarf der Kritik, die Mängel und Unwissenheit *nachweist*. Das ist ein

---

2 Siehe dazu Christopher Cerf und Victor S. Navasky, The Experts Speak: The Definitive Compendium of Authoritative Misinformation, New York 1998.

wenig zeitaufwendiger, aber so funktioniert das in einer freien Gesellschaft. Und es funktioniert insgesamt gut, trägt zur Erweiterung des Wissens und der Vermeidung von Irrtümern bei. John Stuart Mill hat die klassische liberale Begründung dafür vorgelegt: »... das besondere Übel der Unterdrückung einer Meinungsäußerung liegt darin, daß es am menschlichen Geschlecht als solchem Raub begeht. ... Denn wenn die Meinung richtig ist, so beraubt man sie der Gelegenheit, Irrtum gegen Wahrheit auszutauschen; ist sie dagegen falsch, dann verlieren sie eine fast ebenso große Wohltat: nämlich die deutlichere Wahrnehmung und den lebhaftesten Eindruck des Richtigen, der durch den Widerstreit mit dem Irrtum entsteht.« Und an anderer Stelle heißt es: »Unsere gesichertsten Überzeugungen haben keine verläßlichere Schutzwache als eine ständige Einladung an die ganze Welt, sie als unbegründet zu erweisen.« Nun würden die Kritiker der »selbsternannten Islamkritiker« es gewiß entrüstet von sich weisen, das Grundrecht auf freie Meinungsäußerung antasten zu wollen, aber eben darauf zielt die Formulierung »selbsternannte Islamkritiker« ab – deren Meinungsäußerungen sollen vom freien Meinungsaustausch als illegitim ausgeschlossen werden. Es geht um die argumentationsfreie Delegitimierung einer Kritik, und das ist vormodern und vorliberal: dogmatisch eben. Und es steckt immer noch der Denunziant, seine Geisteshaltung, dahinter: Herr Wachtmeister, hier wird selbsternannt Kritik geübt!

Die Kritiker des Islam ohne die Mühen des Arguments zu denunzieren und zu verunglimpfen hatten bereits die Formel vom »Feindbild Islam« und der Vorwurf der »Islamophobie« leisten sollen mit ihrer Pathologisierung der Islamkritik.[3] Dazu ist seit einiger Zeit noch der Vorwurf des »Aufklärungsfundamentalismus« getreten, eine Art Retourkutsche: selber Fundi! Es fällt schwer, einen anderen Gegenstand zu finden, zu dessen Verteidigung – und zur Verunglimpfung von dessen Kritikern – ein derartiger Aufwand betrieben wird. Warum? Der häufige Vergleich von Islamkritik mit Antisemitismus könnte einen der Gründe andeuten: Man will an den Muslimen gutmachen, was einst an den Juden verbrochen wurde. Was damals, als es riskant und gefährlich war, unterlassen wurde, die Verteidigung einer verfolgten Minderheit, wird nun an einem ganz anderen Exempel gefahrlos, ja moralisch gewinnträchtig, exerziert. Aber der Islamkritik, soweit sie diesen Namen verdient, geht es nicht um eine Verfolgung der Muslime, es geht ihr um die gesellschaftlichen und politischen, das heißt um die öffentlichen, nichtprivaten, Implikationen einer Religion, wie sie heute von der Mehrheit der Muslime verstanden und gelebt wird. Es geht um die Kritik eines bestimmten Gesellschaftsbildes und

---

3 Siehe dazu die einschlägigen Beiträge in Hartmut Krauss (Hrsg.), Feindbild Islamkritik. Wenn die Grenzen zur Verzerrung und Diffamierung überschritten werden, Osnabrück 2010.

Politikverständnisses, das uns alle betrifft, nicht nur die Muslime, es geht nicht um die Verfolgung von Muslimen, zumal ohnehin niemand von vornherein wissen kann, wie ein Muslim, eine Muslimin im individuellen Einzelfall seine/ihre Religion deutet und lebt. Der Islamkritik liegt in der Regel ein Interesse an historischer Wahrheit, an Freiheit, Demokratie und Menschenrechten zugrunde, und das darf sich immer und überall und auch selbsternannt äußern.

Mich erinnert die Formel »selbsternannte Islamkritiker« an eine Szene in Karl Kraus' »Die letzten Tage der Menschheit«, die 13. Szene: Elektrische Bahn Baden–Wien, in der ein »Schwerbetrunkener« seine Mitmenschen belästigt und grölend einen anderen Fahrgast, mit dem er in Konflikt geraten ist, auffordert, sich zu »legitimieren«: »A so a Binkel – wüll sich da aufbrausnen – wos hom denn Sö fürs Votterland geleisteet? Legitimiern S'Ihna! ... Sö Binkel – i leist wos – legitimiern S'Ihna ... legitimiern soll er sich – der Binkel – vur mir soll er sich legitimiern – hot nix geleisteet« usw. bis er schließlich »nur noch lallend« sein »Der Binkel – fürs Votterland – legitimiern –« von sich gibt. Die Kritiker der »selbsternannten Islamkritiker« mögen stocknüchtern sein, gehaltvoller und überzeugender ist ihre Monierung mangelnder Legitimation deshalb nicht.

Der Haß auf die eigene Gesellschaft

Vom Verrat der Intellektuellen

KEINE andere Kultur, kein anderes gesellschaftliches System hat die Intellektuellen so gefördert und geschützt wie die westliche Moderne. Abgesehen von den notwendigen Voraussetzungen – Stadt und Arbeitsteilung –, stellte der entwickelte Kapitalismus den Intellektuellen ein zahlungskräftiges Massenpublikum zur Verfügung, das einerseits hohe Auflagen ermöglichte und andererseits auch für Nischenprodukte Absatzmöglichkeiten bot. Die unpersönliche Anonymität des Marktes und die Kommerzialisierung seiner Werke befreiten den Intellektuellen von der persönlichen Abhängigkeit von Fürst und Mäzen.

Der Schutz des Eigentums galt auch für das geistige Eigentum (Urheberrecht), die Freiheit der Meinungsäußerung und der Kunst, generell die gesetzlich festgeschriebene und praktizierte Toleranz schützten den Intellektuellen vor den Opfern seiner Kritik und seinen traditionellen Verfolgern, der Kirche und dem Staat (daß Intellektuelle »kritisch« sind, gehört mittlerweile zum Berufsbild wie die weiße Mütze zum Koch – das war früher nicht so, da waren sie eher zum Loben und Preisen ihrer Herren im Himmel wie auf Erden da). »Einen Voltaire verhaftet man nicht!« erklärte de Gaulle im

Hinblick auf Sartres politische Umtriebe – 200 Jahre früher hatte man einen Voltaire noch ungestraft von seinen Lakaien verprügeln lassen können. Zwar findet sich auch weiterhin die Pose des mutigen Herausforderers der Mächtigen, der Risiken eingeht etc. pp., aber das gehört zur Folklore. Bereits 1954 schrieb Raymond Aron: »Kritik ist schon seit langem kein Mutbeweis mehr, wenigstens nicht in unseren freien westlichen Gesellschaften.« Hinzu kam eine wachsende gesellschaftliche Anerkennung und Einflußnahme der Intellektuellen, parallel zu der des Künstlers.

Nie zuvor also und nirgendwo anders waren die Intellektuellen materiell so abgesichert und vor Verfolgungen geschützt, so frei und anerkannt (und so zahlreich) wie im Westen. Und doch vertrat ein erheblicher Teil von ihnen, über längere Zeiträume auch eine Mehrheit, ein feindseliges Verhältnis zur westlichen Moderne, eine Art Fundamentalopposition ihr gegenüber, von rechts wie von links. Diese Opposition konnte auch den Momenten des Westens gelten, die Voraussetzungen ihrer gesicherten Existenz waren: der Stadt, der Arbeitsteilung, der kapitalistischen Marktwirtschaft mit ihrem Profitstreben, der Kommerzialisierung, dem Eigentum, dem Recht (»bürgerlich«, »Klassenjustiz«), dem Individualismus, selbst noch der Toleranz (»repressive Toleranz«).

In einem Interview des »Tagesspiegel« (4. Februar 2007) kommt das genannte Paradoxon deutlich zum

16

Ausdruck. Noam Chomsky erklärt zunächst, daß »dissidente Intellektuelle« wie er »schon immer ein extrem marginales Phänomen in allen Gesellschaften waren. Wer trank den Schierlingsbecher? Sokrates ... Der normale Intellektuelle ist einer, der den Mächtigen schmeichelt.« Man fragt sich, in welcher Welt und Zeit Chomsky lebt, der international geachtete Professor an einer der besten Universitäten der Welt, Autor zahlreicher Bücher mit hohen Auflagen, Star der Vortragssäle: »Ach, seit ich denken kann, bricht eine Flut von Verachtung und Verleumdung über mich herein.« Erzbischof Romero habe in San Salvador das Schicksal eines dissidenten Intellektuellen erlitten: »Ihm wurde am Altar das Hirn rausgeschossen.« Auf den naheliegenden Hinweis der Interviewer, daß ihm, dem dissidenten Intellektuellen, das nicht zugestoßen sei, reagiert Chomsky wahrheitsgemäß mit: »Nein, man hat mir nie das Hirn rausgeschossen. Im Westen genießen wir große Freiheiten, Resultat eines jahrhundertelangen Kampfes.« Im Westen nähmen nur in der Türkei die Intellektuellen »wirkliche Risiken auf sich«. Als Chomsky berichtet, wie sehr sich in den letzten 40 Jahren an seiner Universität die Situation der Frauen und Minderheiten verbessert habe, kommentieren die Interviewer: »Das System an sich ist gut, wenn es solche Fortschritte zuläßt.« Darauf Chomsky, der sich zuvor unwidersprochen als »Gegner des kapitalistischen Systems« charakterisieren ließ: »Ja, das System ist sehr gut dank Jahr-

17

hunderten des Kampfes ... Meinungsfreiheit gibt es hier länger als irgendwo«.

Das System ist also »sehr gut«, man genießt »große Freiheiten«, es herrscht Meinungsfreiheit, und dennoch treibt eine tiefsitzende Malaise den Intellektuellen in die Dissidenz, läßt ihn als heroischen Verfolgten posieren (»Schierlingsbecher« – vielleicht war da doch etwas mit dem Hirn?).[1]

Zugleich verband sich nach der Entstehung der totalitären Regime im 20. Jahrhundert diese Fundamentalopposition gegen die eigene westliche Gesellschaft mit einer Verteidigung oder entschiedenen Parteinahme für deren erklärte Feinde, im eigenen Land wie im Ausland – für Gesellschaften, in denen den Intellektuellen entscheidende Existenzbedingungen verwehrt waren (auch wenn sie im Fall der Regimetreue mit materieller Sicherung und Aner-

---

1 In Saul Bellows Roman »Herzog« macht sich der Held einige Notizen zu diesem Thema: »Ich kann jedoch wohl für mich in Anspruch nehmen, daß mir die größte für Intellektuelle typische Zweideutigkeit erspart geblieben ist, daß nämlich die zivilisierten Individuen die Zivilisation, die ihr Leben möglich macht, hassen und verabscheuen. Sie lieben dagegen eine imaginäre menschliche Situation, die ihr eigener Genius erdacht hat und die sie für die einzige wahrhaftige und einzige menschliche Wirklichkeit halten. Wie seltsam! Aber der am besten behandelte, am meisten bevorzugte und intelligenteste Teil jeder Gesellschaft ist oft der undankbarste. Undankbarkeit hingegen ist eine gesellschaftliche Funktion.« Als Paradox formuliert auch Raymond Aron dieses Phänomen: »Frankreich gilt als das Paradies der Intellektuellen, und die französischen Intellektuellen gelten als Revolutionäre: das sind zwei Fakten, deren Zusammentreffen paradox scheint.«

18

kennung rechnen konnten). »Obwohl sie in ihren eigenen Gesellschaften der Regierung feindselig gesinnt waren, verhielten sich viele Intellektuelle sehr ehrerbietig gegenüber absolutistischen, repressiven und brutalen Regierungen in anderen Ländern oder gegenüber politischen Parteien und Bewegungen, die solchen absolutistischen Gesellschaften unterwürfigst ergeben sind«, schreibt der amerikanische Soziologe Edward Shils in seinem Essay »Intellectuals and Responsibility«.[2] »Die Unterstützung der Tyrannei außerhalb der eigenen Gesellschaft und in einem derartigen Umfang ist wahrscheinlich ohne Beispiel in der Geschichte der politischen Beziehungen von Intellektuellen.« Er konstatiert eine »umfassende Xenophilie ... unter westlichen Intellektuellen« sowie eine »mißtrauische, feindselige Haltung gegenüber der ... eigenen Gesellschaft und ihrer politischen Ordnung.« Das ist in Formeln des (Selbst-)Lobs wie *Sand im Getriebe*, *Stachel im Fleisch*, *unbequem* usw. längst zu einem ermüdenden Konformismus geworden. Schon 1957 hatte Albert Camus festgestellt: »der Ort der Konformität ist heute die Linke.«

Mark Lilla hat den Typus des »tyrannophilen Intellektuellen« untersucht, bei dem es sich um ein »allgemeines Phänomen, nicht um isolierte Einzelfälle extravaganten Verhaltens« handle. »Wer sich

2 In: Ian Maclean u. a. (Hrsg.), The Political Responsibility of Intellectuals, Cambridge 1990.

daran macht, eine ungeschönte Geschichte der Intellektuellen Europas im 20. Jahrhundert zu schreiben, braucht einen starken Magen«, warnt Lilla. »Das gesamte Jahrhundert lang wurde die freiheitliche Demokratie des Westens als die eigentliche Heimstätte der Tyrannei verteufelt – der Tyrannei des Kapitals, des Imperialismus, der bürgerlichen Konformität, der ›Metaphysik‹, der ›Macht‹, selbst der ›Sprache‹.«[3] Umgekehrt gab es, wie gesagt, zahllose westliche Intellektuelle, die das Lob der totalitären Gesellschaften sangen und ihre Pilgerreisen in die Neuen Jerusalems antraten[4] – als führe die Abwendung von der eigenen Gesellschaft zu einem Vakuum, das nun gefüllt werden müßte.

Angefangen hat das wohl in Humanismus und Renaissance, als es genug Leute gab, die sich vom traditionellen, vom christlichen Glauben zusammen-

---

3 Mark Lilla, The Reckless Mind. Intellectuals in Politics, New York 2001. Auf diesen Verrat der Intellektuellen weist auch Hannah Arendt in »Elemente und Ursprünge totaler Herrschaft« hin: »Erstaunlicher und beunruhigender« noch als die Popularität totalitärer Regierungen bei der Bevölkerung sei »die unzweifelhafte Anziehungskraft«, die jene »auf die geistige und künstlerische Elite ausüben«.

4 Die umfassendste Darstellung dieses Phänomens gibt Paul Hollander, Political Pilgrims. Travels of Western Intellectuals to the Soviet Union, China, and Cuba, Lanham 1990. Die »Externalisierung des Guten« (Hollander) auf der Grundlage des westlichen Selbsthasses hat Pascal Bruckner 1983 in »Das Schluchzen des weißen Mannes. Dritte Welt, Schuldgefühle, Selbsthaß« sowie 2006 in »La tyrannie de la pénitence. Essai sur le masochisme occidental« polemisch abgehandelt.

gehaltenen Weltbild des Mittelalters zu entfernen und mit Hilfe der antiken Philosophie selbständig zu denken begannen. Während das traditionelle Bild die Gesellschaft als notwendig und unkorrigierbar sündige und unvollkommene sah und Hoffnung auf ein Jenseits gesetzt wurde, wird nun an die diesseitige Realität die Forderung nach Vernünftigkeit und Vervollkommnung gestellt, oder, um es mit Hollander zu sagen: Der Glaube an einen diesseitigen Himmel nahm in dem Maße zu, wie der Glaube an den jenseitigen schwand. Die Säkularisierung kompensierte das von ihr bewirkte Schwinden der Religion zwar nicht mit einer neuen Religion, aber mit einem Religionsersatz: Utopien der vollkommenen Gesellschaft (eine andere – bessere – Welt ist möglich) oder deren Projektion auf fremde Gesellschaften (eine bessere Welt gibt es schon, aber woanders). Letzteres findet sich bereits 1530 im »De Orbo Novo« von Peter Martyr von Anghiera, der der Habsucht, Intoleranz und Grausamkeit der Konquistadoren die glückliche Lebensweise der brasilianischen Indianer gegenüberstellte, »die kein Geld kennen, keine Gesetze, keine tückischen Richter, trügerischen Bücher noch die Sorgen einer ungewissen Zukunft«. Was gemeinhin als zivilisatorischer Gewinn gilt, wird hier verworfen, seine Absenz als Gewinn an Glück dargestellt.

Montaigne entwickelt dann in seinem Essay »Von den Menschenfressern« die wesentlichen Momente dieser Projektion, vom Edlen Wilden bis zum Tiersmondismus. Er leitet die Argumentation verbindlich mit dem unschwer zu akzeptierenden Satz ein, daß man Barbarei nicht schon das nennen könne, was nicht unserer Gewohnheit entspricht, geht aber dann sogleich zu der harten kulturrelativistischen These über, daß wir »in der Tat keinen Prüfstein der Wahrheit und der Vernunft haben als das Beispiel und Vorbild der Meinungen und Bräuche des Landes, in dem wir leben«. Im folgenden werden dann »Mutter Natur« und das, was die Natur von selbst schafft, unseren verfälschenden Eingriffen in die Natur gegenübergestellt, das heißt unseren Kunstfertigkeiten und Erfindungen, die die Natur ersticken.

Diese Opposition von positiver Natur und negativer Künstlichkeit wird nun auf die Völker der Menschenfresser und die Europäer übertragen. Erstere sind »ihrer ursprünglichen Unbefangenheit noch sehr nahe. Sie folgen noch den natürlichen Gesetzen, noch kaum durch die unsern verderbt ... Was wir von diesen Völkern wissen, übertrifft nicht nur die alten Schilderungen des Goldenen Zeitalters und alle Erfindungen, um einen glücklichen Zustand der Menschheit auszumalen, sondern selbst den Begriff und das Wunschbild der Philosophie.« Diesen »glücklichen Zustand« macht aus, daß »es keinerlei Art von Handelsgeschäften gibt; keine Kenntnis der Schrift; keine Zähl- und Rechenkunst; keine Begriffe für Würdenträger oder staatliche Obrigkeit; keinen Zustand der Dienstbarkeit, des

22

Reichtums oder der Armut; keine Verträge; keine Erbfolgen; keine Güterteilungen; keine anderen Beschäftigungen als Zeitvertreib«: kurzum, eine Form von »Vollkommenheit«.

All das wird man in den Utopien von Morus bis ins 19. Jahrhundert wiederfinden. Neben dem Rousseauismus und der Gestalt des Edlen Wilden hat Montaigne auch das apologetische Manöver der Äquidistanz entdeckt: »Ich bin nicht ungehalten darüber, daß wir die barbarischen Greuel ... brandmarken, wohl aber sehr, daß wir, die wir so gut über ihre Fehler urteilen, für die unseren so blind sind.« Wenn wir jedoch ehrlich sind, werden wir uns eingestehen müssen, daß »wir sie in jeder Art von Barbarei übertreffen«. Und wie der Tiersmondismus hat Montaigne das Elend der Dritten Welt auf die Erste zurückgeführt: Eines Tages wird »die Kenntnis unserer Sittenzerrüttung ihrer Ruhe und ihrem Glück« teuer zu stehen kommen, aus diesem Verkehr mit uns wird »ihr Verderben entspringen«.

Was Morus über die 54 Städte seiner Utopia schreibt – »Wer eine von ihren Städten kennt, kennt alle!« –, gilt auch für die nach ihm verfaßten Utopien. Einig sind sich fast alle darin, daß Gütergemeinschaft beziehungsweise staatliches Eigentum die empfehlenswerte Form des Eigentums sei, daß das Privateigentum zu Privatinteressen und damit zur Selbstsucht führe und die angestrebte brüderliche Gemeinschaft zerstöre. »Die Gütergemeinschaft ist das Erlösungsmittel der Menschheit; sie schafft die Erde gleichsam zu einem Paradiese um«, erklärt Wilhelm Weitling 1838 in seinem völlig unironisch betitelten »Die Menschheit, wie sie ist und wie sie sein sollte«. Wie sie sein sollte, das zu entwerfen – bis ins letzte Detail oft, was dem Planungs- und Regulierungswahn dieser Utopien entsprach[5] –, war Aufgabe von Intellektuellen: »Es ist eine heilige Pflicht, seinen Mitmenschen den Weg zu bezeichnen, der zum Ziele führt, und vor Irrwegen sie zu warnen.« Wie fast alle anderen Utopien sah auch die Weitlings im Geld die Quelle fast aller Übel; es abzuschaffen war nötig für die »allgemeine Vereinigung der ganzen Menschheit in einem großen Familienbunde«: die große Gemeinschaft. Morus schreibt, »daß es überall, wo es noch Privateigentum gibt, wo alle alles nach dem Wert des Geldes messen, kaum jemals möglich sein wird, gerechte oder erfolgreiche Politik zu treiben«.

Die Abschaffung des Geldes in Utopia scheint der Abschaffung aller Probleme gleichzukommen: »Welche Last von Beschwerlichkeiten ist doch diesem Gemeinwesen abgenommen, welche Saat von Verbrechen mit Stumpf und Stiel ausgerottet, seit dort mit dem Gebrauch des Geldes zugleich jede Gier danach aus der Welt geschafft ist! Denn wer weiß denn nicht, daß Betrug, Diebstahl, Raub,

---

5 So sieht Campanellas »Sonnenstaat« einen Fortpflanzungsbeamten und einen Bekleidungsmeister vor, überhaupt waren Kleiderordnungen sehr beliebt. Bei Weitling findet sich gar ein Hinweis für den Nachtisch in den Gemeinschaftsküchen.

Streit, Aufruhr, Zank, Empörung, Mord, Verrat und Giftmischerei durch die üblichen Strafen mehr nur geahndet als verhütet, mit der Abschaffung des Geldes zugleich abstürben und zudem Furcht, Kummer, Sorge, Mühsal und Schlaflosigkeit im selben Augenblick wie das Geld vergehen würden? Ja, die Armut selbst, die allein des Geldes zu bedürfen scheint, schwände sofort dahin, wenn man überall das Geld völlig abschaffte.« Intellektuelle! Man sollte öfter auf sie hören.

Nicht um Steigerung der Produktion geht es, um Luxus gar, sondern um einfache Lebensweise, Genügsamkeit. »Die echte Gemeinschaft«, heißt es bei Campanella, »aber mache alle zugleich reich und arm: reich, weil sie alles haben, arm, weil sie nichts besitzen; und dabei dienen sie nicht den Dingen, sondern die Dinge dienen ihnen.« Wie oft ist seitdem diese Kritik des Konsumismus vorgetragen worden! Ein derart sorgfältig geplantes und geregeltes Gemeinwesen mit Gemeineigentum, sprich Staatseigentum, erfordert entwickelte Planungsbehörden und Verteilungsapparate – eine weitreichende Bürokratie also und einen starken Staat (der als Zuteiler der Lebensmittel unvermeidlich Herr über Leben und Tod seiner Bürger wird).

Diese schriftlichen Utopieentwürfe, die meist von Intellektuellen der oberen und mittleren Schichten stammen, sind nicht explizit antichristlich oder antikirchlich noch häretisch. Diese säkularen Utopien ersetzen die Religion weitgehend durch ein

alternatives Sinnangebot: die *irdische* Vervollkommnung des Menschengeschlechts (später auch »Fortschritt« oder »Weltgeschichte« genannt) und an-
stelle der Gemeinde oder Kirche der Gläubigen die
»echte Gemeinschaft«. Durch und durch religiös,
häretisch und antikirchlich waren dagegen die parallel zu den säkularen Utopien sich entwickeln-
den chiliastisch-messianischen Bewegungen der nie-
deren Klassen und ihrer »Lumpenintelligentsia«.
Norman Cohn, der diese Bewegungen in »Das Rin-
gen um das Tausendjährige Reich« untersucht hat,
gibt für sie fünf Unterscheidungsmerkmale an. Er-
stens: Die verkündete Erlösung ist eine kollektive –
sie wird den Gläubigen als Kollektiv zuteil; das
entspricht der säkularen Utopie und ihrer »echten
Gemeinschaft« wie auch der zweite Punkt: Die Erlösung wird hier auf Erden, nicht im Jenseits ver-
wirklicht. Drittens: Sie steht unmittelbar bevor und
wird plötzlich kommen. Viertens: Sie wird total
sein, das Leben auf Erden radikal umformen, nicht
nur eine Verbesserung des Bestehenden sein (»Eine
andere Welt ist möglich.«). Fünftens: Sie wird mit
Hilfe übernatürlicher Mächte bewerkstelligt. Vor
allem in diesem Punkt unterscheiden sich die messianischen Utopien von den säkularen.

Und noch ein weiterer Differenzpunkt ist zu nennen, den fast alle diese messianischen Bewegungen
teilen, in denen Cohn Vorläufer einiger der großen
revolutionären Bewegungen des 20. Jahrhunderts
sieht: Der Erlösung geht eine blutige apokalyptische

Schlacht voraus, in der die Bösen von den Guten vernichtet werden, wonach diese das Neue Jerusalem ohne Sünden und Leiden errichten können. Im 19. Jahrhundert dann, so Cohn, wurde diese messianische Tradition mit der säkularen Tradition fusioniert und in Geschichtsphilosophie überführt, »so daß, was einst als Willen Gottes gefordert worden war, nun als Ziel der Geschichte gefordert wurde«. Das entsprach der These Karl Löwiths in »Weltgeschichte und Heilsgeschehen« von der theologischen Herkunft der Geschichtsphilosophie. Auch in den Berichten der westlichen Intellektuellen aus den neuen Jerusalems des 20. Jahrhunderts sind diese beiden Stränge utopischen Denkens miteinander verknüpft.

Auffällig an diesen Berichten über die Sowjetunion, China, Kuba und andere sozialistische Pilgerstätten ist zunächst, daß so viele davon in erster Linie nicht ökonomische, politische und soziale Errungenschaften hervorheben und preisen, sondern immaterielle, spirituelle. Hellsichtig hatte John Maynard Keynes erkannt, daß die Attraktivität des Kommunismus für die Intellektuellen nicht primär auf ökonomischen Gründen beruhte. Deren Kommunismus sei keine Reaktion auf das ökonomische Versagen der kapitalistischen Wirtschaft, sondern auf deren Erfolg. »Es ist ein Protest gegen die Leere wirtschaftlichen Wohlstands, ein Appell an den Asketiker in uns allen ... Die idealistische Jugend flirtet mit dem Kommunismus, weil er als einziger eine spirituelle

Anziehungskraft besitzt, die sie als gegenwartsnah empfindet.« John Dewey stimmte der Auffassung, »die Entwicklung in Rußland ist ihrem Wesen nach religiös«, zu, vermochte aber erst im Lande selbst zu erkennen, daß es sich dabei nicht um eine »intellektuelle Theologie« handelte, sondern um etwas, »was vielleicht die bewegende Geistigkeit und Kraft des Frühchristentums war«. Dewey war beeindruckt. Lion Feuchtwanger berichtet 1937 aus Moskau über die Jugend der Sowjetunion: »Wie fest, zuversichtlich, ruhevoll stehen sie im Leben, wie fühlen sie sich als organische Glieder eines sinnvollen Ganzen.«

Der amerikanische Autor Sherwood Eddy, eine Zeitlang Vorsitzender des YMCA, schrieb: »Rußland hat vollbracht, was bislang nur von seltenen Epochen der Geschichte her bekannt ist, die Erfahrung fast eines ganzen Volkes, unter einer einheitlichen Weltanschauung zu leben. Das ganze Leben ist auf einen zentralen Zweck hin konzentriert. Es ist auf ein einziges hohes Ziel gerichtet und angetrieben von einer so machtvollen und enthusiastischen Motivation, daß das Leben maximale Bedeutung zu haben scheint.« Mit anderen Worten: Was der Kommunismus brachte, war *Sinn*, ein alle Menschen und die ganze Gesellschaft übergreifender und durchdringender Sinn. Und so schuf er zugleich Gemeinschaft. Ernst Bloch schreibt über die Sowjetunion: »Nicht nur spießig oder angesetzt zeigen sich hier die organischen Kräfte der Familie, die organisch-historischen der Nation umfunktioniert und in den Dienst einer Volksgemeinschaft gestellt, aber einer echten.« Salman Rushdie fand im sandinistischen Nicaragua eine Gesellschaft, die anders als die westliche nicht »mit Geld, Macht und Sachen vollgestopft« war, sondern mit Zielbewußtheit und Gemeinschaft. »Gemeinschaft« hatte auch Susan Sontag als den neuen Fokus der höheren Energie der revolutionären Kubaner ausgemacht. Zu Hause dagegen fand sie »entmenschlichte Individuen«, »lebende Tote« und »leeren Wohlstand«. Bakunins »Ich will nicht *ich*, ich will *wir* sein« ist gleichsam das gemeinsame Motto dieser Intellektuellen.

Hollander konstatiert anhand seiner Daten »ein Verlangen nach einem Universum, das Sinn, Zweck und Ziel hat. Offenbar ist ein solches Verlangen, anders als es manche wohl erwarten würden, unter Intellektuellen ausgeprägter als unter ›einfachen‹ Leuten.« Dieser übergreifende Sinn legitimierte dann auch die ökonomisch-materiellen und politischen Defizite der besuchten Gesellschaften; diese Defizite wurden sinnvoll, sinnvolle Opfer auf dem Wege nach Utopia. Das kommt sehr deutlich bei zwei von Hollander zitierten Pilgern zum Ausdruck: »Die vielen Belastungen und Spannungen, die es in Rußland noch gibt, werden angesichts des großen, in der Zukunft liegenden Ziels gerechtfertigt. Die Massen der Menschen bringen *konstruktive* Opfer, wie man es nennen könnte, indem sie sich ein glänzendes Ziel bewußt und kontinuierlich vor Augen halten ... Wir sind der Meinung, daß es heute sehr viel Glück in Rußland gibt. Die Menschen hier widmen sich rückhaltlos einem großen Ziel, dem sie ergeben sind und das ihre persönlichen Sorgen und Freudschen Komplexe in den Hintergrund drängt.«

Edmund Wilson schrieb damals, »in der Sowjetunion hat man das Gefühl, sich auf dem moralischen Gipfel der Welt zu befinden«. Das kann, wie Upton Sinclair berechnete, eine Million Leben kosten, fünf Millionen gar, »aber man kann darüber nicht vernünftig nachdenken, solange man sich nicht die Frage stellt, wie viele Menschenleben es gekostet hätte, wenn die Veränderungen nicht stattgefunden hätten«. Es habe nie »einen großen gesellschaftlichen Wandel ohne Tote« gegeben. Ähnlich argumentierte Eric Hobsbawm in einem Interview mit Michael Ignatieff noch 1994, als er erklärte, daß die Millionen von Ermordeten in der Sowjetunion seine Bindung an den Kommunismus nicht beeinträchtigt hätten. Ignatieffs Frage »Das läuft darauf hinaus, daß der Verlust von 15, 20 Millionen Menschen gerechtfertigt werden könnte, wenn der strahlende Morgen tatsächlich angebrochen wäre?« beantwortete er mit Ja.

Ist eine Einparteiendiktatur akzeptabel? »Wenn die Liebe an der Substanz sozialer Beziehungen beteiligt ist, ist die Beziehung der Menschen zu einer einzigen Partei nicht notwendig entmenschlichend«, erkennt Susan Sontag in Nordvietnam. Die Moskauer Schauprozesse? »Wir können es uns nicht leisten, den Moralprediger zu spielen, wenn (die Sowjetunion) ... human und umsichtig eine Handvoll Ausbeuter und Spekulanten liquidiert, um die Welt zu einem sicheren Ort für anständige Leute zu machen«, meint G. B. Shaw. Fehlende Meinungsfreiheit? »Die Kritikfreiheit war nur ein weiterer kapitalistischer Luxus, ein Abfallprodukt des Systems. Das stimmt natürlich«, berichtet Mary McCarthy aus Hanoi. Fehlende Rechtsstaatlichkeit? In Maos China seien »Politik und Moral miteinander verflochten«, erklärt der bedeutende Sinologe John K. Fairbank, China werde »von beispielhaft moralischen Männern, nicht von Gesetzen« regiert.

Es gibt nichts zu kaufen? Wunderbar! Ernesto Cardenal freut sich, daß »die Straßen von Havanna voller Menschen waren, aber niemand kaufte oder verkaufte etwas ... niemand jagte dem Geld hinterher«. Die Wirtschaft funktioniert nicht? »Ohne jeden Zweifel entwirft China ein höchst effizientes Wirtschaftssystem«, verkündet John K. Galbraith 1973 zur Zeit der Kulturrevolution. Fairbank war der Meinung, daß die maoistische Kulturrevolution das Beste war, was dem chinesischen Volk seit Jahrhunderten geschehen sei. Gewalt? Das sei nicht Gewalt um ihrer selbst willen, sondern »Gewalt im Namen der Tugend«.

Mit wenigen Ausnahmen demonstrieren die politischen Pilger aus dem Westen einen Grad an Realitätsverleugnung und -blindheit, der nur durch einen sehr starken und tiefsitzenden Wunsch erklärt werden kann. »Ja, wir haben euch getäuscht«, gesteht der chinesische Begleiter einem früheren Bewunderer des Landes gegenüber ein, »aber ihr wolltet getäuscht werden«. »Realitätsblindheit«, die zuweilen »groteske Züge« annimmt, konstatiert auch Hans Magnus Enzensberger in *Revolutionstourismus* (1972) bei vielen Besuchern der Sowjetunion in den dreißiger Jahren. Hollander erklärt dies mit der Entfremdung der Pilger von ihrer eigenen Gesellschaft: Sie lieben den Maoismus oder Castroismus, weil sie ihre eigene Gesellschaft so hassen, sie (er)finden in den anderen Gesellschaften, was sie an ihren eigenen vermissen: Sinn, Gemeinschaft ... Was aber erklärt diese historisch noch nie dagewesene Entfremdung so vieler Intellektueller von ihrer eigenen Gesellschaft?

Im Kapitel »Religionssoziologie« von »Wirtschaft und Gesellschaft« beschreibt Max Weber diesen Typus des Intellektuellen: »Der Intellektuelle sucht auf Wegen, deren Kasuistik ins Unendliche geht, seiner Lebensführung einen durchgehenden ›Sinn‹ zu verleihen, also ›Einheit‹ mit sich selbst, mit den Menschen, mit dem Kosmos. Er ist es, der die Konzeption der ›Welt‹ als eines ›Sinn‹-Problems vollzieht.«[6] Und Weber liefert auch gleich die

---

6 Davor heißt es: »Stets ist die Erlösung, die der Intellektuelle sucht, eine Erlösung von ›innerer Not‹ und daher einerseits lebensfremderen, andererseits prinzipielleren und systematischer erfaßten Charakters, als die Erlösung von äußerer Not, welche den nicht privilegierten Schichten eignet.«

historische Begründung des uns interessierenden Phänomens: »Je mehr der Intellektualismus den Glauben an die Magie zurückdrängt, und so die Vorgänge der Welt ›entzaubert‹ werden, ihren magischen Sinngehalt verlieren, nur noch ›sind‹ und ›geschehen‹, aber nichts mehr ›bedeuten‹, desto dringlicher erwächst die Forderung an die Welt und ›Lebensführung‹ je als ganzes, daß sie bedeutungshaft und ›sinnvoll‹ geordnet seien.«

Daß ihre Welt, ihre Gesellschaft sich dieser Forderung verweigert, führt laut Weber zu der »spezifischen Intellektuellenweltflucht«, sei's in die Natur, in die Askese oder auch in die Suche nach »kollektiv-ethisch-revolutionärer Weltänderung«. Dem politisierenden Intellektuellen geht es also letzten Endes gar nicht um Politik, sondern um Sinn und Bedeutung. Und folglich kann er nicht Verantwortungsethiker, sondern muß Gesinnungsethiker sein. »›Verantwortlich‹ fühlt sich der Gesinnungsethiker nur dafür, daß die Flamme der reinen Gesinnung, die Flamme z. B. des Protestes gegen die Ungerechtigkeit der sozialen Ordnung, nicht erlischt. Sie stets neu anzufachen, ist der Zweck seiner, vom möglichen Erfolg her beurteilt, ganz irrationalen Taten, die nur exemplarischen Wert haben können und sollen.« (»Politik als Beruf«). Was Weber die »geschulte Rücksichtslosigkeit des Blickes in die Realitäten des Lebens« nennt »und die Fähigkeit, sie zu ertragen und ihnen innerlich gewachsen zu sein«, ist dieser Intellektuellen Sache nicht.

33

Der Sinn-Intellektuelle, der an vorderster Front an der Entzauberung der Welt, ihrer Säkularisierung, mitgearbeitet hat, hat sich so um seine »Ressource Sinn« (Jürgen Habermas) gebracht. Solange die Säkularisierung der Welt und die Moderne noch welthistorisches *Projekt* waren, strahlende Zukunft, unbefleckt von den Realitäten des Lebens, waren sie sinngebend – ihre Verwirklichung erst machte sie zum Problem. Der Sinn einer Sache, einer Handlung ist immer ein anderes ihrer selbst. Der Sinn der westlichen Gesellschaft, der Moderne, kann nicht sie selbst sein; ist sie also erst einmal Lebensrealität geworden, vermag sie die fortdauernde Suche nach Sinn nicht länger zu befriedigen. Sie muß im Namen eines anderen negiert werden. Die heutige westliche Gesellschaft ist mit Instandsetzungsarbeiten und Verbesserungen im Rahmen des Bestehenden (»systemimmanent«, »Reformismus«) beschäftigt, nicht mit Transzendentem. So sind wohl auch alle Versuche, der modernen westlichen Gesellschaft den sexy Status eines Projekts, einer Utopie zu bewahren, zum Scheitern verurteilt. Richard Rorty spricht in einem Interview (»Die Welt«, 13. Juni 2007) von seiner »Vision eines sozialdemokratischen Utopias«, die er »mit Habermas teile«. »In diesem Utopia würden viele der Aufgaben, die derzeit die Mitgliedschaft in einer religiösen Gemeinschaft erfüllt, durch etwas ersetzt, das Habermas ›Verfassungspatriotismus‹ nennt.«

Gesellschaften, in denen Sinn gesellschaftlich vorgegeben und verbindlich, also quasireligiös und

absolut ist oder sein soll (statt individuell gewählt
und also relativ zu sein oder überhaupt verworfen
werden zu können), sind traditionelle Gesellschaften: Gemeinschaften; und Intellektuelle, die diesem
Sinnkonzept nachhängen, sind nicht Vertreter der
Moderne, sondern Hüter eines vormodernen religiösen Gemeinschaftsbildes in säkularer Gestalt.

Der Intellektuelle, zu dem per definitionem das
Attribut »rational« zu gehören scheint, verhält
sich seiner Gesellschaft gegenüber also nicht primär aus rational-sachlichen Gründen kritisch; es
handelt sich dabei eher um Rationalisierungen des
Leidens am Sinnmangel, an der »transzendentalen
Obdachlosigkeit«, der Ziellosigkeit dieser Gesellschaft – und das kann durchaus auf hohem Niveau geschehen. Die Malaise der Sinn-Intellektuellen, ihre Fundamentalopposition, ist denn auch
innerhalb der westlichen Gesellschaften nicht zu
beheben – sie findet und erfindet sich stets neue Ob-
jekte der Kritik und läßt sie nach einiger Zeit, meist
unerledigt, wieder fallen, vom Asbest zum Arten-
schutz, vom Walfang zur Dritten Welt, und was ist
eigentlich aus dem »nuklearen Winter« geworden?
Am besten ist dieser Fundamentalopposition wohl
mit dem Satz gedient, daß das Ganze das Falsche
sei, womit auch das einzelne »Positive« und
»Wahre« in den Verblendungs- oder Unheilszusam-
menhang verquirlt werden kann.

Der unrühmliche Zusammenbruch des Kommunismus mag ihn zwar in den Augen vieler endgültig

diskreditiert haben, aber für andere war das kein Grund, den Glauben aufzugeben:[7] Die untergegangenen Gesellschaften waren ja gar nicht wirklich kommunistische/sozialistische gewesen, sondern autoritär-bürokratisch entartete ... Der antiwestliche, antikapitalistische Impetus bedarf jedoch des theoretischen und terminologischen Kostüms des Sozialismus nicht notwendig – eine andere Theorie, andere Termini sind möglich! Denn der regressive Sinnhunger und das infantile Bedürfnis nach Lenkung und Leitung durch übergeordnete Instanzen werden stets neue Theorien und Utopien erfinden. Die moderne Gesellschaft ist aber etwas für Erwachsene, die ihr Leben in die eigenen Hände genommen haben und auf eigenen Füßen stehen können, die selber bestimmen, was und wohin sie wollen, ohne daß irgendeine Instanz ihnen »den Weg bezeichnen« oder sie »vor Irrwegen warnen« muß. Der Verlust eines gesellschaftlich übergreifenden und verpflichtenden Sinns ist ein Gewinn an individueller Freiheit, wie es auch der Verlust der Gemeinschaft ist. Alle Versuche, Sinn und Gemeinschaft wiederherzustellen, unter welchem Namen auch immer, führen notwendig zur Unfreiheit.

Wenn es stimmt, daß ein erheblicher Teil der Intellektuellen in Fundamentalopposition zur westlichen Gesellschaft steht und daß diese Intellektu-

---

7 Vgl. Jean-François Revel, La grande parade. Essai sur la survie de l'utopie socialiste, Paris 2000.

ellen über ihre Veröffentlichungen und die Medien einen erheblichen Einfluß ausüben auf die Bürger dieser Gesellschaft, stellt sich die Frage, wieweit sie eine Schwächung und Bedrohung der westlichen Gesellschaft aus ihr selbst heraus darstellen und mitwirken könnten an ihrem Verfall und Untergang, mit anderen Worten: wieweit diese Fundamentalopposition ein Dekadenzphänomen ist.

Die antiwestlichen totalitären Regime des 20. Jahrhunderts hatten im Hinblick auf diese Frage zweierlei gezeigt: daß die Intellektuellen wesentlich an deren Ideologie und Machtergreifung beteiligt waren – von Lenin und Mussolini über Hitler/Goebbels zu Mao und Pol Pot, in den faschistischen und mehr noch in den kommunistischen Parteien, und daß zweitens deren antimoderne Sehnsüchte in Krisenzeiten von vielen anderen geteilt wurden, ja vielleicht generell nie ganz verschwunden sind.[8] Es geht also nicht um eine konservative Intellektuellenschelte, die noch im Namen der Tradition gegen die intellektuellen Modernisierer und Säkularisierer vorgetragen worden war und an die Ressentiments gegen Großstadt und Bindungslosigkeit appellierte.

---

8 Laut Herfried Münkler (Merkur, Nr. 681, Januar 2006) »läßt sich der Totalitarismus des 20. Jahrhunderts als die direkte Herrschaft der Sinnproduzenten begreifen, die nicht nur eine neue Gesellschaft, sondern auch einen neuen Menschen hervorbringen wollten, um den von ihnen entworfenen Sinn von Welt und Geschichte dauerhaft realisieren zu können«.

Generell ließe sich die Frage so formulieren: Wenn der kapitalistischen bürgerlichen Gesellschaft tatsächlich die von Marx so beredt beschworene Erosion aller überkommenen und geheiligten Traditionen und Bindungen zu eigen war, warum sollte sich diese Erosionskraft nicht eines Tages auch gegen die kapitalistische bürgerliche Gesellschaft selber kehren, gegen deren Traditionen und Bindungen? »Kann der Kapitalismus überleben?« fragte Schumpeter 1942 in »Democracy, Capitalism, Socialism« und antwortete mit einem »Nein, ich glaube nicht, daß er das kann«. Anders als Marx sah er die Gründe für seinen Untergang nicht in ökonomischen Gesetzmäßigkeiten oder geschichtsphilosophischer Notwendigkeit, sondern in dessen soziokultureller Verfaßtheit. Der Kapitalismus schafft aufgrund der ihm inhärenten technischen und rechnerischen Rationalität eine Form des kritischen Denkens, die »sich, nachdem sie die moralische Autorität so vieler anderer Institutionen zerstörte, schließlich gegen die eigenen richtete«. Der wirtschaftliche Erfolg des Kapitalismus mache die Existenz einer quasi berufsmäßig gesellschaftskritischen Schicht, »einer Interessengruppe für soziale Unruhe«, möglich, anders gesagt: die kapitalismuskritischen Intellektuellen, die ohne berufspraktische Erfahrungen in der wirklichen Welt keine »direkte Verantwortung für praktische Angelegenheiten« hätten (wie Max Webers »Gesinnungsethiker«). Die Ausbreitung der Massenmedien multipliziere deren Einfluß, so

38

daß »die staatliche Politik den kapitalistischen Interessen immer feindlicher gegenübersteht«. Die Frage »Kann der Sozialismus funktionieren?« beantwortet Schumpeter dagegen mit einem entschiedenen »Natürlich kann er das«. Sozialismus sei ein Ideal – etwas, was dem Kapitalismus fehle; anders als dieser könne er die Menschen für edle Ziele begeistern, kurzum: Er gewähre gesamtgesellschaftlichen Sinn, und das vermöge auch seine geringere wirtschaftliche Effizienz zu kompensieren. Nun ja, hinterher ist man immer klüger.

Wohl auch als Reaktion auf die in den sechziger Jahren hauptsächlich von Intellektuellen vorgetragene und als Oppositionsbewegung agierte Fundamentalkritik am Kapitalismus wurde das Thema des Sinndefizits westlicher Gesellschaften in den siebziger Jahren erneut thematisiert und als generelles Strukturdefizit definiert, so von Daniel Bell (»The Cultural Contradictions of Capitalism«), Jürgen Habermas (»Legitimationsprobleme im Spätkapitalismus«), Helmut Schelsky (»Die Arbeit tun die anderen«) oder Wolfgang Böckenförde (»Staat, Gesellschaft, Freiheit«).

Diese so unterschiedlichen Autoren sind sich zumindest in dem Punkte einig: daß ein gesamtgesellschaftlicher Sinn gut ist für Gesellschaften und daß Sinnkrisen oder gar ein Sinndefizit schlecht für deren Erhalt und Gedeihen sind. Die »Sinn- und Glaubenskrise in den demokratisch organisierten, hochentwickelten Gesellschaften des Westens«, schreibt Richard Löwenthal im »Merkur« (Nr. 328, September 1975), ermöglicht es den Sinn-Intellektuellen, ihre utopischen Ideologien zu propagieren und Anhänger zu gewinnen. Löwenthal weist aber auch zugleich auf die den Sinn-Intellektuellen gesetzten Grenzen hin: Sie haben zwar Einfluß, aber keine Macht, sie sind ein »gesellschaftlicher Sektor«, aber keine Klasse. Um die politische Macht zu erobern, müßten sie Wahlen gewinnen, sie scheitern aber an der Ablehnung der Wähler. »Die Chancen zur Durchsetzung der ›neuen Priesterherrschaft‹ auf politischem Wege scheinen wenig eindrucksvoll.« Es stellt sich aber damit die Frage, warum die an Sinnkrise und -defizit leidende Wählerschaft das Sinnangebot – von rechts wie von links – mehrheitlich ablehnt. Könnte es sein, daß die Nachfrage nach einem gesamtgesellschaftlichen, einigenden Sinn gar nicht so groß ist?

Ein weiterer Grund, die Bedrohung der westlichen Gesellschaften durch die utopischen Intellektuellen nicht allzu ernst zu nehmen, besteht darin, daß die heutigen Intellektuellen dieser Art nicht in heroisch-katastrophalen Zeiten (circa 1914 bis 1950) erwachsen wurden, sondern in relativ krisenfreien, hedonistischen und ihnen so der Fanatismus der chiliastischen Millenaristen fehlt, die ihre Visionen gegen alle Wahrscheinlichkeiten und Widerstände zu realisieren trachteten. Es sind Als-ob-Utopisten, Poseure der weltgeschichtlichen Umwälzung: Die Nähe zum Dichter gehörte von Anfang an zum uto-

pischen Intellektuellen (sind Utopien wie die Morus'
oder Campanellas unter »Dichtung« zu rubrizieren
oder unter »Staatsphilosophie«?). Der Modus des
Als-ob, des Fiktiven, nur in der Vorstellung, in Gedanken sich Ereignenden liegt Menschen nahe, die
fern von den lebensweltlichen Realitäten – zumal
der realen Politik – en gros und en détail mit dem
Allgemeinen und Abstrakten handeln. Realitätsver-
weigerung oder -blindheit und Freiheit von Verantwortung sind Symptom dieser quasiästhetischen
Haltung zur Realität, zugleich aber auch Gewähr
für die – unter heutigen Bedingungen – relative
Harmlosigkeit der Spezies. In den letzten 60 Jahren
hat sich noch keine westliche Demokratie freiwillig,
nach ihren eigenen Regeln, abgeschafft, wohl aber
sind zahlreiche neue entstanden.

Auch Herfried Münkler verweist auf den Unterschied von Einfluß und Macht. Während der gesellschaftliche Einfluß der Sinnproduzenten »größer
und tiefgreifender sein kann als derjenige der politischen und ökonomischen Entscheider«, fehlt ihnen
»jedenfalls in liberalen Gesellschaften« die Macht-
basis, »aus der heraus sie ihre Sinnangebote für
die Gesamtgesellschaft verbindlich machen können.
Sie müssen um Zustimmung und Unterstützung
werben, und sie gewinnen in dem Maße an Macht
und Einfluß, wie dieses Werben erfolgreich ist.«
Erfolgreich ist es aber schon lange nicht mehr, zumindest nicht im Sinne der Übernahme der Sphäre
der »Entscheider« durch die »Sinnbewirtschafter«

und der daraus möglich werdenden »Zerstörung der bestehenden Ordnung«. Münkler kritisiert die Vorstellung, im Zuge der Modernisierung werde es schließlich »keine verbindlichen Wert- und Sinnvorstellungen mehr geben«. Wie andere behandelt er Werte und Sinn als mehr oder weniger synonym. Gewiß ist eine Gesellschaft ohne Werte – das heißt in der Moderne: ohne ein entwickeltes Rechtssystem – nicht vorstellbar, wohl aber eine ohne Sinn. Werte sind viele einzelne und ergeben als solche und auch zusammengenommen noch keinen Sinn, Sinn gibt es nur im Singular, und das nicht nur grammatikalisch. Sinn tendiert zur Exklusivität: »Die Revolution ist alles, alles andere ist nichts«, hieß es in Kuba.

Welche Sinnvorstellung würde Münkler denn für die bundesrepublikanische Gesellschaft als verbindlich angeben wollen? »Die auslagenförmige Präsentation unterschiedlicher Sinnangebote, aus denen jeder Gesellschaftsangehörige das ihm Passende zusammenstellt, überfordert die meisten Menschen und führt gleichzeitig zu sozialmoralisch desintegrierten Gesellschaften.« Ich glaube nicht, daß die meisten Menschen von den unterschiedlichen Sinnangeboten überfordert sind; sie tun vielmehr eben das, was Münkler bestreitet: Sie stellen sich das Passende zusammen, entscheiden selber, was der Sinn ihres Lebens und ihrer Gesellschaft ist, tun die Frage als irrelevant oder quasireligiösen Unsinn ab oder ignorieren sie einfach, ohne daß das zur sozialmoralischen Desintegration führte oder führen muß.

Die utopisch geneigten tyrannophilen Intellektuellen haben viel Unheil angerichtet und viel Beifall an die falsche Seite verteilt – und sie werden das auch weiter tun: Sand im Getriebe ... Aber den Verfall und Niedergang westlicher Gesellschaften werden sie kaum mehr zustande bringen. Beschwören freilich sollte man das nicht. Der kontinuierliche Versuch einer objektiven, kritischen Selbstwahrnehmung gehört zu den Spezifika und Stärken moderner westlicher Gesellschaften. Sowenig die Sinn-Intellektuellen mit ihrer unbestimmt-vagen Fundamentalopposition dazu unmittelbar Wesentliches beigetragen haben, zwingen sie uns doch immer wieder, eine präzise, realistische Verteidigung und Kritik unserer Gesellschaften zu formulieren. Und so schafft dieser Geist, der den Westen stets verneint, doch mittelbar auch etwas Gutes. Aber man sollte schon ein Auge auf sie, auf uns haben ...

Populistisch,
antiwissenschaftlich, erfolgreich

Edward Saids »Orientalismus«

Wohl kaum ein anderes Werk hatte einen mit Edward Saids »Orientalism« (1978) vergleichbaren Einfluß auf die Diskussion darüber, wie die islamischen Länder im Westen wahrgenommen und dargestellt werden.[1] Was die Beziehung des Westens/Europas zum Orient von seinen Beziehungen zu anderen Teilen der Welt unterscheidet, beruht laut Said »auf der besonderen Rolle, die der Orient in der europäisch-westlichen Erfahrung« spielt. Der Orient grenze nicht nur unmittelbar an Europa an, er sei auch der Ort von Europas größten, reichsten und ältesten Kolonien, Quelle seiner Zivilisation und Sprachen, »sein kultureller Konkurrent und eines der tiefstverwurzelten und am häufigsten wiederkehrenden Bilder des Anderen«. So definierte sich Europa auch über und gegen den Orient. Aber damit gibt sich Said noch nicht zufrieden: Der europäische Orientalismus beruhe auf »einer ontologischen und epistemologischen Unterscheidung

---

1 Edward W. Said, Orientalism, London 1995 (zuerst 1978); zitiert wird nach dieser Ausgabe unter Zuhilfenahme der Übersetzung von Liliane Weissberg, die 1981 bei Ullstein in Berlin erschienen ist.

45

von ›Orient‹ und (meistens) ›Okzident‹«; ihm habe so eine schon im antiken Griechenland getroffene »grundlegende Unterscheidung von Osten und Westen« als Ausgangspunkt zugrunde gelegen. Diese Unterscheidung ist der Sündenfall des Orientalismus.

Die Orientalisten, konstatiert Said, »trennen die Orientalen von den Okzidentalen« und »fassen die Differenz zwischen den Kulturen zunächst als eine Frontlinie auf, die diese trennt, und dann als eine Einladung an den Westen, das Andere (durch überlegenes Wissen und anpassungsfähige Macht) zu kontrollieren, einzudämmen und zu beherrschen«. Das ließe sich wohl auch interpretieren als eine Saidsche Projektion der traditionellen und mittlerweile wieder brandaktuellen *islamischen* Zweiteilung der Welt in Dār al-harb – das Kriegsgebiet, das durch den Dschihad gegen die Ungläubigen zu unterwerfen ist – und Dār al-islam.

Indem er die Feststellung der Differenz und das Ausgehen davon kriminalisiert, hat Said seinen Prozeß gegen den Orientalismus schon gewonnen; wenn der Orientalist von geographischer, klimatischer, sprachlicher, religiöser, kultureller ... Differenz ausgeht, wenn er eine Geschichte der Araber nicht in der ersten Person Plural schreibt, ist er des »Orientalismus« überführt. Mit Unterscheidungen wie »Osten« oder »Westen«, Kategorien wie »orientalisch« oder »westlich« polarisiere man gewöhnlich die Unterscheidung – »die Orientalen werden

46

orientalischer, die Okzidentalen westlicher« – und schränke so »die menschliche Begegnung zwischen den verschiedenen [!] Kulturen, Traditionen und Gesellschaften« ein. Die Möglichkeit ist sicher gegeben, aber es ist kaum nachvollziehbar, wenn Said die Arbeit jener orientalistischen Philologen und Lexikographen, Religionswissenschaftler und Ethnologen, die ja vielen erst die Begegnung mit den verschiedenen Kulturen, Traditionen und Gesellschaften des Orients ermöglichten, von vornherein der Verunmöglichung oder Behinderung einer solchen Begegnung anklagt. Durch ein Abschwächen der Differenzen und die Betonung der Gemeinsamkeiten wird man zum Beispiel die objektiv gegebenen Unterschiede zwischen orientalischen und westlichen Sprachen nicht geringer machen, wie jeder weiß, der einmal eine orientalische Sprache zu lernen versuchte.

Wenn es aber Unterschiede gibt, wie auch Said einräumt, wenn sich die Sprachen, Kulturen, Gesellschaften, Religionen unterscheiden, wenn es also nicht willkürlich und falsch ist, von Unterschieden zwischen Orient und Okzident auszugehen und dies nicht notwendig zu Feindseligkeit führt, dann ließe sich eher sagen, daß nur die Betonung und adäquate Beschreibung und Kenntnis der Unterschiede eine Begegnung ermögliche und fördere (und »eurozentrische« Fehlschlüsse vermeide). Der Orientalismus des 19. Jahrhunderts, heißt es bei Said, habe sich »umfassender Verallgemeinerungen« schuldig gemacht, die die Wirklichkeit in »verschiedene Gruppen« beziehungsweise »Kategorien«, zum Beispiel die Sprachen, eingeteilt hätten, denen »die starre binomische Gegenüberstellung von ›unsere‹ und ›ihre‹« zugrunde liege, die unter anderem von der Linguistik verstärkt worden sei. Nun hatte die historisch-vergleichende Sprachwissenschaft des 18./19. Jahrhunderts ja gerade Sprach*familien* entdeckt, Verwandtschaften zwischen Sprachen (Indoeuropäisch), die zuvor als von den westlichen Sprachen ganz verschiedene gesehen worden waren wie Persisch oder Sanskrit, so daß also gerade die präzise Unterscheidung und Vergleichung der Sprachen Gemeinsamkeiten entdecken halfen und die »starre binomische Gegenüberstellung von ›unsere‹ und ›ihre‹« auflösten. Der Orientalismus machte also den Orient weniger orientalisch und den Westen orientalischer.

Die Funktion des Orients für die Identitätsbildung des Westens wird von Said übertrieben dargestellt – zuweilen scheint es, als gebe es für den Westen oder die westlichen Länder kein anderes *alter* als den Orient: »Die Welt ist aus zwei ungleichen Hälften zusammengesetzt, dem Orient und dem Okzident«; das war wohl historisch selten der Fall. In Saids Version – »die europäische Kultur gewann an Stärke und Identität, indem sie sich gegen den Orient als eine Art Ersatz- oder auch geheimes Selbst absetzte« – kommt eine Art Narzißmus zum Ausdruck: Mag der Westen den Orient auch dominieren, verachten, entstellen – letztlich ist er, was er ist, durch den Orient. Ohne *uns* seid *ihr* nicht möglich.

Wissenschaftler treffen Unterscheidungen, teilen ein, trennen und differenzieren. Das ist banal. Nicht für Said. Für Said ist es ein orientalistisches Vergehen. Wer die Sprache des »Orientalismus« benutze, dem »geht es um die Spezifizierung und Einteilung von allem Orientalischen in handhabbare Teile«. Das ist normale wissenschaftliche Praxis, und es ist schwer einzusehen, was daran spezifisch »orientalistisch« sein soll. Die »Description de l'Egypte« (1809–1828) erweise sich unter anderem durch folgende Merkmale als zur »orientalistischen Projektion« gehörig: »neue Spezialgebiete einzuführen, neue Fächer einzurichten, einzuteilen, sich auszubreiten, zu schematisieren, Tabellen, Indices und Aufzeichnungen all dessen anzulegen, was sich in (und außerhalb) ihrer Blickweite befindet«, kurzum normale wissenschaftliche Praxis, für Said aber spezifisch »orientalistisch« und so Werkzeug des (napoleonischen) Imperialismus, integraler Bestandteil von »Napoleons gänzlich orientalistischer Einverleibung Ägyptens mit den Instrumenten westlichen Wissens und westlicher Macht«. Bei seinem Versuch, die »ontologischen und epistemologischen« Grundlagen des Orientalismus zu kritisieren, stößt Said nur auf die normalen allgemeinen Voraussetzungen, Mittel und Praktiken humanwissenschaftlicher Arbeit, die er dann zu spezifisch »orientalistischen« erklärt und polemisch ablehnt.

Wissenschaft beruht auf Abstraktionen, Verallgemeinerungen, Begriffen/Begriffsbildungen; sie verhält sich nicht nur passiv-registrierend ihrem jeweiligen Gegenstand gegenüber, sondern auch aktiv-konstruierend. Dies als Spezifikum einer bestimmten Wissenschaft auszugeben ist ebenso falsch, wie sie deswegen zu kritisieren (was außerdem noch selbstwidersprüchlich ist). Gegen H. A. R. Gibbs Arbeiten über den Islam – Mitherausgeber der »Encyclopaedia of Islam« – wendet Said unter anderem ein, daß »er Abstraktionen wie ›Islam‹ verwendet, als ob sie eine klare und bestimmte Bedeutung hätten«. In seiner Kritik von Edward William Lanes »An Account of the Manners and Customs of the Modern Egyptians« (1836) schreibt Said: »Einerseits gab es eine Ansammlung von Menschen, die in der Gegenwart lebten: Andererseits wurden diese Menschen – als Gegenstand der Forschung – ›die Ägypter‹, ›die Muslime‹ oder ›die Orientalen‹. Nur der Gelehrte konnte die Diskrepanz zwischen den beiden Ebenen erkennen und handhaben. Die ersteren tendierten zu einer immer größeren Verschiedenheit, die aber immer eingeschränkt und nach unten und rückwärts auf den *fundamentalen* Zielpunkt der Allgemeinheit hin komprimiert wurde (*compressed downwards and backwards to the* radical *terminal of the generality*).«

Wie so oft bei Said prätendiert die Sprache eine äußerste Gedankenanstrengung und den avanciertesten Stand wissenschaftlicher Begrifflichkeit, um fragwürdige Gemeinplätze von der Stange – wie den, daß die Wissenschaft die bunte, lebendige Vielfalt des Lebens in leblose Allgemeinbegriffe zwinge oder daß Wissen Macht ist oder daß alles im Fluß ist – als die neuesten Designeranzüge vorzuführen. Jeder einzelne Fall realen Verhaltens werde auf »eine kleine Zahl erklärender ›ursprünglicher‹ Kategorien« reduziert. Aber welche Zahl von Kategorien wäre die angemessene? Für jeden einzelnen Fall (mindestens) eine? Bernard Lewis' »Islam and the West« wird »ein extremer Verallgemeinerungsgrad« vorgeworfen, »die Unterschiede zwischen individuellen [!] Muslimen, zwischen muslimischen Gesellschaften, zwischen muslimischen Traditionen und Epochen« würden kaum erwähnt. Kategorien wie »der Araber« oder »Araber«, wird T. E. Lawrence entgegengehalten, »haben eine Aura von Absonderung, Eindeutigkeit und der Konsistenz einer kollektiven Identität, um so alle Spuren individueller Araber mit erzählbaren Lebensgeschichten auszulöschen«. Hinter solchen Urteilen steht die nicht besonders weit reichende Idee, daß es *den* Araber, Muslim oder Angestellten nicht gebe, sondern nur den einzelnen Araber, Muslim, Angestellten, als wäre eine Kategorie wie »geben« oder »einzelner Araber« weniger abstrakt, als hinge die Abstraktheit einer wissenschaftlichen Untersuchung primär vom Umfang ihres Gegenstandes ab, nicht ebenso von der Fragestellung und den Forschungsmethoden, als wäre die Untersuchung und

51

konkrete Beschreibung eines einzelnen Falles überhaupt möglich ohne Begriffe allgemeinster Art, weitesten Umfangs.

Said beschreibt polemisch in den voranstehenden Beispielen allgemeine Verfahren der Wissenschaft, die er selbstverständlich auch in seinem eigenen Werk anwendet. Wenn er Gibb vorwirft, eine Abstraktion zu benützen, als hätte sie »eine klare und bestimmte Bedeutung«, verkennt er, daß es ohne Abstraktionen überhaupt keine »klaren und bestimmten Bedeutungen« geben könnte. Warum soll »ottomanisches Reich« bei Valentine Chirol eine »summarische Verallgemeinerung« sein, Saids »ottomanisches Reich« aber nicht?

In seinem abschließenden Überblick über den Einfluß des »Orientalismus« in der Gegenwart schreibt Said: »Soweit man summarische Verallgemeinerungen vornehmen kann« – und er scheut sich dann nicht, das zu tun –, »richten sich die sichtbaren Tendenzen der zeitgenössischen Kultur im Nahen Osten nach europäischen und amerikanischen Vorbildern.« Und wenig später findet sich eine Äußerung, die, wenn sie nicht von Said selber stammte, von diesem mit großer Entrüstung als »orientalistisch« kritisiert worden wäre: »Die arabische und islamische Welt [!] bleibt unter dem Aspekt der Produktion von Kultur, Wissen und Forschung eine zweitrangige Macht.« Das Problem ist freilich nicht, daß Said verallgemeinert und abstrahiert, sondern daß er das, ad hoc und wo es ihm in den Kram paßt, anderen Wissenschaftlern vorwirft und zur Grundlage einer weitreichenden Kritik und moralischen Verdammung macht.

Einer der am häufigsten aufgegriffenen und wiederholten Kritikpunkte Saids gegenüber dem Orientalismus ist dessen Essentialismus. Da »menschliche Realität ständig konstruiert und destruiert wird«, könne es kein »festes Wesen (essence)« geben, erklärt Said im Nachwort; der Glaube »an die sichere Positivität und unveränderliche Historizität einer Kultur, eines Selbst, einer nationalen Identität« sei deshalb »naiv«. Der Orientalismus »nähert sich einer heterogenen, dynamischen und komplexen menschlichen Realität von einem unkritisch essentialistischen Standpunkt aus, der sowohl eine konstante orientalische Realität wie ein ihr gegenüberstehendes, aber nicht weniger konstantes westliches Wesen unterstellt ... Diese fehlerhafte Position unterschlägt den historischen Wandel.«

Der Vorwurf des Essentialismus meint in der Regel nicht mehr als »falsche, unzulässige Generalisierung«, vor allem im historischen Bereich. Dabei wird unterstellt, daß Generalisierungen in dem Maße falsch oder unzureichend werden, wie ihr Gegenstandsbereich an Umfang zunimmt (mag man immerhin über eine islamische Sekte im südlichen Irak des frühen 18. Jahrhunderts Zutreffendes sagen können, über den Islam ganz gewiß nicht, *den* Islam gibt es nicht). Das ist aber prinzipiell falsch, ohne leugnen zu wollen, daß es zahlreiche falsche Generalisierungen über umfangreiche Gegenstandsbereiche gibt. Entscheidend ist, ob sich sinnvoll und beweisbar allgemeine Aussagen über den gewählten Gegenstand machen lassen, also auch, ob der Gegenstand sinnvoll (im Sinne der Fragestellung) gewählt und präzise definiert ist, nicht der Umfang des Gegenstandsbereichs. Neben der Annahme, daß sich historische Veränderungen ohne »essentialistische« Implikationen konstatieren ließen (denn ohne zumindest ein wesentlich Identisches habe ich nur eine Unendlichkeit von Differenzen, die ich aber nicht als Veränderungen behaupten könnte), wäre also auch die im Essentialismus-Vorwurf enthaltene Unterstellung zurückzuweisen, Aussagen über einen Gegenstand würden um so unzutreffender, je umfangreicher dieser ist. Und damit wird ein guter Teil von Saids Orientalismuskritik hinfällig.

Die orientalistischen Wissenschaften sind Humanwissenschaften, sie handeln von Menschen. Zugegeben, das ist keine sehr explosive Einsicht, für Said jedoch läßt sich schon daran das »Orientalistische« der Orientalistik festmachen. Denn daß der Orientalismus nicht alle Menschen zum Gegenstand seiner Forschung macht, sondern einen bestimmten Teil davon »aussondert«, beweist bereits seine letztlich antihumane Tendenz. Mehr noch: Daß er überhaupt Menschen zum Objekt der Forschung macht, hat ihn bereits überführt. Ein »Objekt« orientalistischer Forschung zu sein, heißt in der »entwürdigenden Position des Orients oder des

54

Orientalen als eines Forschungsobjekts« zu sein, darauf wiesen auch die politischen und kulturellen Umstände (sprich: Imperialismus) des Orientalismus hin. Auch hier mag eine islamische Tradition eine Rolle spielen, die es verbietet, daß die Häuser der im Dār al-islam geduldeten Ungläubigen eine Sicht auf die Häuser der Muslime und ihre Bewohner ermöglichen, generell daß die Ungläubigen die Muslime – auch in ihrem Alltagsleben – beobachten.[2] Hinter jeder Aussage der Orientalisten über den Orient »war die Tradition der Erfahrung, der Gelehrtheit und Bildung spürbar, die den farbigen Orientalen in der Position des vom weißen Okzidentalen erforschten Objekts hielt, statt umgekehrt«. Der Hinweis auf Rassenunterschiede insinuiert, daß dieses Jemanden-zum-Objekt-seiner-Forschung-Machen irgendwie auch mit rassistischer Diskriminierung zu tun habe. Der Nachsatz – »statt umgekehrt« – ist pikant: Wäre die Position des »weißen Okzidentalen« als des »vom farbigen Orientalen erforschten Objekts« vorzuziehen oder ebenfalls abzulehnen? Zustimmend zitiert Said die Kritik Anwar Abdel Maleks, dem zufolge vom Orientalismus »der Orient und die Orientalen als ein ›Objekt‹ der Forschung« angesehen würden, wobei die Anführungszeichen andeuten, daß schon der

---

2 Vgl. Karl Binswanger, Untersuchungen zum Status der Nichtmuslime im Ottomanischen Reich des 16. Jahrhunderts, München 1977, S. 199 und 225 f.

Umstand, Objekt der Forschung zu sein, als skandalös gesehen wird. Noch vor allen Bestimmungen ihres Objekts ist die orientalistische Forschung schon disqualifiziert, weil sie etwas als Objekt behandelt, das man nicht als Objekt behandeln darf.

Wie so oft bei Said liegt diesem Gedanken wohl eine Äquivokation – und eine Erinnerung an Michel Foucault[3] – zugrunde: Objekt als Erkenntnisobjekt (der Gegenstand der Erkenntnis kann der Erkennende oder das Erkennen selbst sein; indem ich über mich reflektiere, mache ich mich zum Objekt meiner Gedanken) wird mit Objekt als Sache, Ding gleichgesetzt, etwas, das keinen Status als Subjekt haben kann, keinen Willen, keine Freiheit, etwas, das man benutzen, verkaufen, vernichten kann. An anderer Stelle wird diese Gleichsetzung von Erkenntnisobjekt und Sache mittels einer anderen Äquivokation variiert: Der moderne Orientalismus »verkörpert eine systematische Fachwissenschaft der *Akkumulation*. Und das ist keineswegs nur

---

3 Wie Peter Dews in Logics of Disintegration. Post-Structuralist Thought and the Claims of Critical Theory, London 1987, S. 177), schreibt: »Für Foucault stellt die bloße Tatsache, ein Objekt von Wissen zu werden, eine Art Versklavung dar. Erkennen ist selber eine Art von Herrschaft.« Wie Foucault-Leser wissen, steht die Problematik des Blicks, des Sehens-ohne-gesehen-zu-werden mit im Zentrum seiner bekanntesten Werke. Was bei Foucault die neuzeitliche Vernunft den Menschen, was sich der Westen selber wie anderen antut, wird bei Said zu einer speziellen »orientalistischen« Infamie des Westens ausschließlich gegenüber dem Orient und den Orientalen.

ein intellektuelles oder theoretisches Charakteristikum, es begründete die verhängnisvolle Tendenz des Orientalismus zur systematischen Akkumulation von Menschen und Territorien.«

Das ist logisch etwa so zwingend wie die Aussage, daß wer eine Fremdsprache beherrsche, bald auch die Sprecher dieser Sprache beherrschen wolle und werde. Mit diesem Veitstanz der Äquivokationen wird jede orientalistische Wissenschaft – strenggenommen jede Humanwissenschaft – von vornherein als inhuman, als »orientalistisch« disqualifiziert. Dem entspricht Saids Gedanke, daß »jeder, der über den Orient schreibt«, indem er den Orient darstelle (»represent«), an dessen Stelle spreche (»speaking on its behalf«); letztlich gelte für jede orientalistische Darstellung des Orients der Gemeinplatz, »wonach der Orient für sich selber sprechen würde, wenn er es könnte, da er es aber nicht kann, übernimmt die Repräsentation diese Aufgabe für den Westen und *faute de mieux* für den armen Orient«. Damit wäre also jede Darstellung eines Menschen oder von Menschen durch einen anderen als Entmündigung und Degradierung zum Objekt disqualifiziert.

Indem der Orientalismus den Orient vom Okzident trennt, indem er differenziert und generalisiert, die Orientalen zum Objekt macht und dehumanisiert, übt er Macht aus: »Orientalismus« ist »Macht, die Wissen zur Förderung ihrer selbst benutzt«. Orientalismus ist für Said eine Form von Machtwille und Machtausübung, zum einen, weil er als moderne westliche Wissenschaft den Willen zur Wahrheit als eine Form des Willens zur Macht darstellt, zum anderen, weil er in einer bestimmten abhängigen Beziehung zur politischen und ökonomischen Macht des Imperialismus und seiner Institutionen steht. Das konstitutive Verhältnis von Macht und Orientalismus ist theoretisch vorgegeben, und der Gang des Buches »Orientalism« besteht wesentlich darin, am »Orientalismus« die Deformationen der Macht nachzuweisen. »Wenn wir den Orientalismus erst einmal als eine Art westlicher Projektion auf den Orient begreifen und als Willen, über ihn zu herrschen, werden wir wenige Überraschungen erleben.« So ergeht es dem Leser des Buches tatsächlich; er erlebt wenige Überraschungen, wenn ihm Said die Züge des Bösen in den Gesichtern von Menschen nachweist, die bereits als Verbrecher verurteilt sind.

»Als ein kultureller Apparat« – es geht um die Zahl von 60.000 zwischen 1800 und 1950 im Westen erschienenen Büchern über den Nahen Osten, während die Zahl für den umgekehrten Fall vergleichsweise minimal sei – »ist der Orientalismus ganz Aggression, Aktivität, Urteil, Wille zur Wahrheit und Wissen.« Von der Aggression einmal abgesehen (die 60.000 Bücher figurieren als eine Art Invasionsarmee), ist hier nichts über den Orientalismus gesagt, was sich nicht getrost auch über jede andere Wissenschaft sagen ließe. Der Wille zur Wahrheit, zur Interpretation (und damit der zur Macht) ist ja offenkundig nicht auf Orientalisten beschränkt. Auch der Umstand, daß der Orientalismus den Orient mit den Mitteln der westlichen Wissenschaft beschreibt, kann nicht das entscheidende Argument sein, da dies ja auch für andere nichtmoderne, nichtwestliche Kulturen gilt und Said außerdem die These, der Orient könne nur von Orientalen beschrieben werden, ausdrücklich ablehnt.

Für Said stellen die mangelnde Identifikation des Orientalisten mit seinem Gegenstand, seine Antipathie diesem gegenüber, einen wichtigen Teil der Orientalismuskritik dar. »Als Orientkenner steht der moderne Orientalist dem Orient nicht, wie er glaubt und sogar behauptet, objektiv gegenüber. Seine menschliche Distanz (human detachment), deren Zeichen die durch professionelles Wissen kaschierte Abwesenheit von Sympathie ist, ist schwer belastet durch all die von mir beschriebenen orthodoxen Einstellungen, Perspektiven und Stimmungen des Orientalismus.«

Said scheint eine wissenschaftlich-objektive Haltung mit *human detachment* gleichzusetzen, er bringt die wissenschaftliche Objektivität mit einer Distanz, ja Ablösung von der menschlichen Gemeinschaft in Verbindung. Die Abwesenheit von Sympathie ist Zeichen dieser Distanz zur Menschheit, die sich hinter dem Fachwissen verbirgt. Anders gesagt: Fachwissen ist – für den Orientalisten – eine Fassade für mangelnde Sympathie, für mangelnde Menschlichkeit. Das Primäre scheint für Said der Mangel an Sympathie zu sein, das Fachwissen nur ein Sekundäres, um jenes zu verbergen. Die »kalte Distanz« der Orientalisten, wie sie Said zum Beispiel Lane vorwirft, wird zu einem moralischen wie zu einem Erkenntnisdefekt: Kein Orientalist »in den Vereinigten Staaten hat sich jemals kulturell und politisch rückhaltlos mit den Arabern identifiziert«. Auch im Nachwort, in seiner Polemik gegen Bernard Lewis, betont Said diesen Aspekt: Der Orientalismus lasse sich keineswegs, wie Lewis das getan hatte, mit der klassischen Philologie vergleichen: »Der Orientalismus bringt Antipathie gegenüber dem Islam zum Ausdruck, die Altphilologie Sympathie für das antike Griechenland.«

Wie wir gesehen hatten, besteht der Sündenfall des »Orientalismus« in der Unterscheidung von Okzident und Orient, die mit einer feindlichen Haltung diesem gegenüber einherging. Der Westen empfindet Feindschaft, Antipathie, Mißtrauen und Furcht dem Orient gegenüber (Feindbild Orient), und das entstellt die Orientalistik von Anfang an, macht sie untauglich, objektive Wissenschaft zu sein. Vom Mittelalter bis heute »hat sich diese Kombination von Furcht und Feindseligkeit erhalten«. Im Unterschied zu westlichen Indologen und Sinologen »verbringen viele Islamwissenschaftler in Europa und den Vereinigten Staaten ihr Leben damit, diesen Gegenstand zu erforschen, und doch vermögen sie einfach keine Zuneigung zur islamischen Kultur zu empfinden oder sie gar zu bewundern«. Und das eben scheint für Said die Grundlage einer ethisch wie wissenschaftlich richtigen Orientalistik zu sein: Zuneigung und Bewunderung. Ich will ja nur, daß ihr uns liebt – und bewundert.

Offensichtlich aber kann Sympathie des Wissenschaftlers für seinen Gegenstand oder Bewunderung dafür nicht Bestandteil seiner wissenschaftlichen Qualifikation sein, wie das Beispiel der Rassismus- oder Holocaustforschung zeigt (oder Saids Untersuchung des westlichen Orientalismus). Wenn Said die kalte Distanz Lanes gegenüber den Ägyptern beklagt, vermischt er einmal mehr wissenschaftliche mit moralischer Kritik. Vom Wissenschaftler als Menschen und Mitglied der Gesellschaft werden wir allerdings erwarten, daß er Antipathie gegenüber dem Rassismus, Respekt, wenn schon nicht Sympathie, für die Ägypter beweist und sich soweit mit den Palästinensern identifizieren kann, daß er mit der Misere so vieler von ihnen Mitleid empfindet. Aber für die Beurteilung der Resultate seiner wissenschaftlichen Arbeit ist das prinzipiell irrelevant. Schlechte Menschen können gute Wissenschaftler sein.

Kurzum: Saids Darstellung des Verhältnisses von Orientalismus und Macht geht über vage Gemeinplätze (»Wissen ist Macht«, »Wes Brot ich eß, des Lied ich sing«), Beteuerungen, Insinuationen und Verdächtigungen nicht hinaus. Der Nachweis, daß die orientalischen Wissenschaften und die westliche

Haltung gegenüber dem Orient notwendig oder auch nur überwiegend »orientalistisch«/imperialistisch sein müssen, gelingt ihm nicht.

Was erklärt den außergewöhnlichen, anhaltenden Erfolg eines so schwierig zu lesenden und inhaltlich so dürftigen Werks in breiten Teilen der Intelligentsia? Ich vermute, daß es gerade die Kombination von sprachlicher Schwierigkeit – terminologisch ausgestattet mit allem, was gut und teuer ist – mit der Bestätigung dessen ist, was man ohnehin schon wußte oder wissen wollte: der imperialistische/kolonialistische Westen, Wissenschaft und Vernunft als Modi der Unterdrückung, die Moderne als totalitäre Veranstaltung der Macht etc. Saids Stil und Jargon scheinen avancierteste Wissenschaft beziehungsweise Wissenschaftskritik zu garantieren und muten einem doch erfreulicherweise keine umfangreicheren Umbauarbeiten am eigenen Weltbild zu (»wenige Überraschungen«). Als einen weiteren Grund vermute ich die populistisch antiwissenschaftliche Tendenz des Werks, die ich abschließend noch an einigen Beispielen aufzeigen möchte.

In seinem Nachwort von 1995 verwahrt sich Said gegen »amerikanische und englische Professoren der entschieden strengen und unnachgiebigen Sorte«, die die »theoretischen Ungereimtheiten« seines Werks kritisiert hatten. Said wehrt sich nicht gegen den Vorwurf theoretischer Unstimmigkeiten, im Gegenteil, er ist stolz darauf: »*Orientalismus* ist ein parteiisches Buch, keine Theoriemaschine.« Es waren jedoch seine wissenschaftlichen Leistungen kritisiert worden, nicht seine guten Absichten. Statt zu argumentieren, er habe theoretische Konsistenz gar nicht angestrebt oder theoretische Konsistenz sei nicht notwendig, weicht er in die Metapher von der »Theoriemaschine« aus, und wer wollte das schon von einem Buch verlangen? Wie so oft bei Said ist sein (Gegen-)Argument kein Argument, sondern ein Appell mittels Metapher: Maschinen sind etwas Mechanisches, Lebloses, so wie ja alle Theorie bekanntlich grau, das Leben aber bunt ist. Daß der Orientalismus die unendliche Vielfalt des Orients und den ständigen Wandel auf feste – »essentialistische« – Begriffe bringe, ist einer der Hauptvorwürfe Saids gegen die Orientalisten. Gegen die mechanische Kälte der Theoriemaschine wird das warme Herz der Parteilichkeit gestellt, werden Sympathie, Bewunderung, Identifikation eingeklagt.

»Vor allem« wirft Said der orientalistischen Wissenschaft (am Beispiel der »Description de l'Egypte«) vor, »die lebendige Realität in das Material von Texten zu verwandeln«. Das ist nur eine andere Weise, den Wissenschaftlern vorzuwerfen, daß sie Wissenschaftler sind. William Jones wird vorgehalten, in seinen Werken »die unendliche Vielfalt des Orients zu unterdrücken«, und Lane, die »Vielfalt« seines Gegenstandes auf »Allgemeinheit« zu reduzieren, was etwa dasselbe meint. Obwohl »Burtons Verallgemeinerungen über den Orientalen ... das Resultat eines Wissens über den Orient sind, das dadurch erworben wurde, daß er dort lebte, ihn tatsächlich aus eigener Anschauung kannte und wirklich versuchte, das orientalische Leben aus der Perspektive eines Menschen zu sehen, der ganz darin eingetaucht ist«, strahle sein Werk doch »ein Sich-Geltendmachen und eine Herrschaft über alle Komplexitäten des orientalischen Lebens« aus; »der Orient wird uns nie direkt *gegeben*«; alles sei uns über Richard F. Burton vermittelt.

Wie man sieht, hat der Orientalist bei Said keine Chance. Selbst der bloße Gestus des Zeigens auf die unendliche Vielfalt des Orients wäre eine Herrschaftsgeste für Said und ein Akt der Vermittlung, der Indirektheit ohnehin. Niemals habe der Orientalismus »einen reinen oder uneingeschränkten Orient« dargestellt; der Orientale werde immer »durch dominierende konzeptuelle Rahmen eingedämmt und repräsentiert«. Dieser Appell ans Unvermittelte, Unmittelbare scheint mir ein charakteristisches Element populistischer Rede zu sein. Said erinnert sich zuweilen, daß schon im Fall der Sprache selbst (»zumindest im Fall geschriebener Sprache«) »es keine vermittelte Präsenz, sondern nur Re-Präsenz oder Repräsentation gibt«. Daraus folgt für ihn, daß jede schriftliche Aussage über den Orient »deshalb kaum auf dem Orient als solchem beruht und nicht instrumentell von ihm abhängen kann. Im Gegenteil: Die schriftliche Aussage ist eben deshalb eine Präsenz für den Leser, weil sie jede Realität wie ›den Orient‹ ausschließt, verdrängt und überflüssig macht. Der Orientalismus steht so außerhalb und jenseits des Orients: Daß der Orientalismus überhaupt plausibel erscheint, hängt mehr vom Westen ab als vom Orient selbst, und diese Plausibilität verdankt sich den verschiedenen westlichen Repräsentationsverfahren, die den Orient im Diskurs über ihn sichtbar, klar und ›anwesend‹ machen.«

Aus der Platitüde, daß das Sprechen über einen Gegenstand nicht dasselbe ist wie der Gegenstand, wird auf der festen Grundlage des Poststrukturalismus in zwei logischen Stolperschritten eine Kritik der orientalistischen Darstellung des Orients: *Beware, it's not the real thing!* Auf der letzten Seite seines Werks ermahnt Said den Leser, nicht zu vergessen, »daß die Erforschung des Menschen in der Gesellschaft auf konkreter menschlicher Geschichte und Erfahrung beruht, nicht auf professoralen Abstraktionen oder auf obskuren Gesetzen oder willkürlichen Systemen«. Saids Gewährsmann Foucault hätte das als »Refrain des antirepressiven Liedchens« verhöhnt, »unter der Decke der Herrschaft die Dinge selbst in ihrer ursprünglichen Lebendigkeit wiederfinden« zu können.[4] Ein populistischer Appell gegen leblose Texte, professorale Abstraktionen, künstliche Begriffsbildungen

---

4 In einem Gespräch aus dem Jahre 1977; zitiert nach Luc Ferry/Alain Renaut, Antihumanistisches Denken. Gegen die französischen Meisterphilosophen, München 1987, S. 84.

im Namen der unendlichen, lebendigen, dynamischen Vielfalt des Lebens, des Konkreten, der Erfahrung: Das kann offenbar immer noch mit breiter Zustimmung unter den Gebildeten rechnen, solange es seine antiwissenschaftliche Tendenz nicht offen proklamiert.

Saids »Orientalism« erschien 1978, als der Tiersmondismus noch unangefochten das Bild vieler Intellektueller bestimmte (erst 1983 erschien mit Pascal Bruckners »Das Schluchzen des weißen Mannes« die erste umfassende Kritik des Tiersmondismus). Saids Erfolg beruhte aber offenbar nicht allein auf seiner vehement antiwestlichen Orientalismuskritik, sondern auf ihrer methodischen Begründung durch Foucaults Diskurs- und Machttheorien, ohne dies jedoch so weit zu treiben, daß die antiimperialistische Linke und die liberalen Tiersmondisten abgeschreckt wurden – dafür sorgte die zentrale Rolle des Imperialismus in Saids »Orientalismus«-Begriff und die – wenn auch uneingestandene, aber nicht zu verkennende – Rolle der traditionellen marxistischen Ideologiekritik. Man konnte sich vielmehr als Feind des westlichen Imperialismus und als Tiersmondist durch die avanciertesten poststrukturalistischen Theorien bestätigt sehen. Saids »Orientalism« überlebte so die zunehmende Aushöhlung und den Popularitätsverlust der marxistischen Varianten der Dritte-Welt- und Imperialismustheorien, ohne seinen vagen Imperialismusbegriff präzisieren und korrigieren zu müssen. Gegen eine

Kritik mangelnder Fach- und historischer Kenntnisse (insbesondere der Geschichte des Imperialismus) konnte allemal ins Feld geführt werden,
daß es ihm ja im wesentlichen um eine »epistemo-
logische« Kritik des Orientalismus gegangen sei,
nicht um eine Geschichte des Imperialismus noch
um eine historisch-empirische Kritik der orientalistischen Werke.

»Orientalism« hat lange Zeit den Rang eines
kanonischen Werks gehabt, und wenn man seinen
Verehrern trauen darf, sind wir noch weit vom Ende
des »Said-Phänomens« entfernt. Das Buch galt vielen – im Okzident wie im Orient – als Beweis, daß
das Verhältnis des Westens zum Orient, insbesondere zu den islamischen und arabischen Ländern,
auf Feindseligkeit, Superioritätsanspruch, hegemo-
nialem Denken sowie imperialistischer Herrschaft
und Ausbeutung beruhe. Erst in den letzten Jahren meldete sich nach der theoretisch-methodischen
Kritik (wofür der Name James Clifford stehen mag)
und der fachwissenschaftlichen (wie sie Bernard
Lewis repräsentiert) auch eine historisch-empirische
zu Wort, die Saids These anhand der orientalistischen Werke und der Geschichte des Imperialismus
zurückweist (John W. MacKenzies »Orientalism«
sei hier als Beispiel genannt).[5]

5 Über Saids Orientalismus und die Folgen siehe Martin
Kramer, Ivory Towers On Sand. The Failure of Middle Eastern
Studies in America, Washington, D. C., 2001.

David Williams hat Saids »Orientalism« als einen der großen »korrektiven Texte« gepriesen, »die dem westlichen Gelehrten die Treue zu seiner Berufung als unvoreingenommener Wissenschaftler wahren helfen«. Soweit Saids Werk tatsächlich in diesem Sinne wirkte, wird man es gern loben wollen. Zugleich aber hat »Orientalism« einen Okzidentalismus gefördert und gestärkt, der im Westen die Quelle allen Übels und aller Probleme der islamischen Länder sieht und von einer »ontologischen und epistemologischen« Feindschaft des Westens diesen gegenüber ausgeht. Das verhindert oder erschwert nicht nur eine unvoreingenommene, objektive Sicht des Westens, sondern auch der eigenen orientalischen Realität, der eigenen Verantwortung für die Probleme der islamischen und arabischen Länder. Dieser Okzidentalismus bedeutet eine negative Fixierung auf den Westen (als ob einzig von ihm beziehungsweise der Isolierung von ihm das Unheil oder Heil abhinge), in der auch die narzißtische Vorstellung zum Ausdruck kommt, der Westen sei seit Jahrhunderten, Jahrtausenden gar, vornehmlich damit beschäftigt, sich den Orient, die islamischen Länder verzerrend-karikierend zu imaginieren, sie zu verachten, zu fürchten und zu beherrschen.

In Fred Hallidays »Orientalism and its Critics« finden sich die beiden wichtigsten Argumente gegen diesen Okzidentalismus formuliert: »Unsere Begriffe hindern uns nicht in einem höheren Maße am Verstehen des Nahen Ostens, und wir sind ihm gegenüber nicht beschränkter in unseren Ideen, woher diese auch stammen mögen, als im Umgang mit jedem anderen Teil der Welt.« Und: »Die Behauptung einer besonderen europäischen Animosität gegenüber den Arabern oder gar den Palästinensern oder Muslimen hält einem historischen Vergleich nicht stand ... Die These einer andauernden überhistorischen Feindschaft gegenüber dem Orient, den Arabern, der islamischen Welt ist ein Mythos, den zu vertreten jedoch ... vielen in der Region und im Westen gelegen kommt.«

Mit diesen Worten des mittlerweile verstorbenen bedeutenden Orientalisten Fred Halliday beendete ich jeweils meine Said-Kritik 1996 und 2005. Wie sehr Saids These »einer andauernden überhistorischen Feindschaft gegenüber dem Orient« Anklang gefunden hat, zeigt die weitgehende Folgenlosigkeit der empirischen und methodischen Kritik an seinem Werk. Grund genug, das Erscheinen dreier kluger und materialreicher Kritiken an Saids »Orientalism« zum Anlaß zu nehmen, um mich erneut mit diesem Thema auseinanderzusetzen. Die im Februar 2009 in der Zeitschrift »Merkur« erschienene Rezension sei an dieser Stelle, leicht gekürzt, noch einmal abgedruckt:

Es gab in den letzten 30 Jahren nicht viele für ein Publikum mit Hochschulzugang geschriebene Bücher, die weltweit einen derartigen Erfolg und Bekanntheitsgrad erzielten wie Edward Saids 1978 erschienenes »Orientalism«. Dieser jahrzehntelange Siegeszug ist umso verwunderlicher, als die bald nach Erscheinen des Werks einsetzende umfassende Kritik an dessen empirischen und methodischen Mängeln und Fehlern ein baldiges sang- und klangloses Verschwinden erwarten ließ. Davon kann keine Rede sein. Zum fünfundzwanzigjährigen Jubeljahr des Erscheinens von »Orientalism« wurde die dritte Auflage vorgelegt, die ein neues Vorwort des Verfassers enthielt, aber die Unzahl der nachgewiesenen Fehler teilweise grotesker Art mit geradezu olympischer Gelassenheit unkorrigiert ließ. Dies ist offenbar eine der Schriften, denen andere Qualitäten zu Wirkung und Erfolg verholfen haben als die traditionellen Anforderungen an wissenschaftliches Arbeiten. Ergibt es da Sinn, im Namen ebendieser Anforderungen die Kritik zu erneuern, zu erweitern, zu vertiefen, wie es die in den letzten Jahren erschienen Bücher von Robert Irwin, Daniel Martin Varisco und Ibn Warraq tun?[6]

Saids »Orientalismus« ist Grundlage eines wissenschaftlichen Kultes, die Heilige Schrift einer der vielen seit etwa einem halben Jahrhundert in den

---

6   Robert Irwin, Dangerous Knowledge. Orientalism and Its Discontents, New York 2006 (die Taschenbuchausgabe erschien 2007 unter dem Titel »For Lust of Knowing« bei Penguin Books); Daniel Martin Varisco, Reading Orientalism. Said and the Unsaid, Seattle 2007; Ibn Warraq, Defending the West. A Critique of Edward Said's »Orientalism«, New York 2007.

Geisteswissenschaften entstandenen Gemeinschaften, die mit ihren jeweiligen Gründungstheorien
ihre eigene autistische Welt schaffen und begrün-
den, statt die reale Welt zu beschreiben und zu erklären. Die Angehörigen solcher Kulte wird auch
eine noch so genaue Kritik nicht von ihrem Glauben
abbringen – und außerdem: »The Said is a career.«
In den Postcolonial oder Cultural Studies sind Institutionen und Lehrstellen auf »Orientalismus«
gegründet, daran ausgerichtet, davon legitimiert –
sie werden dieses Werk ebensowenig aufgeben wie
das Entwicklungshilfeministerium die Entwicklungshilfe, sei deren Nutzlosigkeit oder gar Schädlichkeit
auch noch so gründlich nachgewiesen.

Die Autoren der obengenannten Kritiken Saids
sind ganz sicher besser für ihre Aufgabe qualifi-
ziert, als es Said für seine Orientalismuskritik war,
insofern sie wie Varisco und Irwin vom Fach sind –
Varisco ist Historiker und Professor für Anthropolo-
gie, sein Spezialgebiet sind die islamischen Länder.
Seit 2003 leitet er das Middle Eastern and Central
Asian Program an der Hofstra University. Irwin ist
Historiker und Fachmann für arabische Literatur
und Kunst, Research Associate an der Londoner
School of Oriental and African Studies sowie der
Nahostredakteur des »Times Literary Supplement«.
Ibn Warraq hat sich durch mehrere kenntnisreiche
(und umstrittene) Bücher zum Islam – das bekann-
teste davon »Warum ich kein Muslim bin« – einen
Namen gemacht.

71

Irwin will in seiner Geschichte der orientalistischen Wissenschaften zeigen, wie sehr Said an der Sache vorbeiredet. Im historischen Teil geht er nur gelegentlich auf Said ein: Für jeden Leser von »Orientalismus« ist freilich klar, wie fatal die vorgelegten Fakten für diesen sind. Erst das vorletzte Kapitel enthält resümierend eine zusammenhängende und vernichtende Kritik dieses als eine »böswillige Scharlatanerie« qualifizierten Buches (das letzte Kapitel stellt Said in den Zusammenhang der von Muslimen vorgetragenen Kritik am Westen im Allgemeinen und den dortigen orientalistischen Wissenschaften im Besonderen). Variscos Buch erhebt den umfassendsten Anspruch; es will die methodischen wie die generellen empirischen Mängel des Werks detailliert und systematisch vortragen – unter Berücksichtigung der gesamten bisherigen (englischsprachigen) Literatur dazu, der Kritik an Said wie der Gegenkritik. Jede Verteidigung von »Orientalismus« wird sich mit dieser sorgfältigen und präzisen Summa der Said-Kritik auseinandersetzen müssen. Leider glaubt Varisco, dieses Unternehmen durch eine, wie er es nennt, »satirische« Form aufheitern zu müssen, meist in der Form von Wortspielen: Das fängt beim Titel an und hört und hört nicht auf (natürlich fehlen auch die »Saido-Masochisten« nicht).

Ibn Warraqs Buch ist ein Sammelsurium: Was er zu Said in seinen Schubladen und Zettelkästen hatte, wird in ein Buch gekippt, und der Leser

72

muss sehen, wie er damit zurechtkommt. Ich kam erstaunlich gut damit zurecht, weil Warraq immer wieder Fakten, Bücher, Analysen präsentiert, die informieren, erklären, überraschen. Problematisch erscheint mir der Titel »Defending the West« und insofern auch Warraqs Abwehr von Saids Angriff auf einen zumindest in der Einstellung gegenüber dem Orient homogenen »Westen« von Homer bis heute: Die historische Berechtigung einer solchen Jahrtausende umfassenden Kategorie ist mehr als fraglich.

Nachdem die zahlreichen sachlichen und fachlichen Fehler von »Orientalismus« bekannt wurden, zogen sich viele Verteidiger Saids auf die Position zurück, Fehler gebe es immer, entscheidend an dem Werk sei aber ohnehin die Theorie (und der, so wurde implizit behauptet, könnten die sachlichen Fehler nichts anhaben). Terry »Theory« Eagleton räumt in seiner Rezension von Irwins Buch (»New Statesman« vom 13. Februar 2006) zwar ein, dass dieser »eine ganze Menge schlampiger Wissenschaft und Sachfehler in Saids verehrtem Text aufzeigt«, wirft ihm aber grundlegende Mängel in Sachen Poststrukturalismus und Gramsci vor (wir erfahren nicht, welche das sind).

»Aber in einem gewissen Sinne ist das nicht allzu wichtig zu nehmen, da Irwin und Said meist einfach aneinander vorbeireden.« Für Said nämlich sei Orientalismus »ein übergreifender kultureller Diskurs, der den Osten gewohnheitsmäßig als träge,

73

verräterisch und passiv darstellt ... Er redet von einer ideologischen Formation, die während der gesamten Geschichte des Westens überall anzutreffen ist.« Irwin aber sei unfähig, eine »ideologische Formation« überhaupt zu erkennen: »Als wollte man den Vorwurf, das Christentum sei eine enorm destruktive Triebkraft für gesellschaftliche Übel gewesen, dadurch widerlegen, daß man eine bewundernde Studie Thomas von Aquins verfaßte.«

Das ist falsch: Irwin weicht nicht von einem Gegenstand auf einen anderen aus, er widerlegt, um im Bilde zu bleiben, jenes Konzept von Christentum, indem er dessen selektive Einseitigkeit empirisch nachweist. Irwin – wie Warraq und Varisco – zeigen, daß der Orientalismus den Osten nicht »gewohnheitsmäßig « in der von Said postulierten Weise behandelt, daß die »ideologische Formation« eben nicht »während der gesamten Geschichte des Westens überall anzutreffen« war und es mithin Unsinn ist, in diesem Zusammenhang von einem »übergreifenden kulturellen Diskurs« oder einer »ideologischen Formation« zu sprechen.

Said schmückt sein Werk zwar mit Namen und Begriffen wie Foucault, Gramsci, Diskursanalyse und Hegemonie, aber für seine Beweisführung ist das weitgehend irrelevant, wohl aber nützlich, insofern die Behauptung eines orientalistischen Diskurses ihm die Beweislast abnehmen soll. Dazu dient auch der Latenzbegriff: Wo sich kein Orientalismus manifestiert, wird er als latent behauptet – so kann sogar ein Heiliger wie Ignaz Goldziher der latenten Islamverachtung überführt werden. Realiter besteht Saids Vorgehensweise in einer chronologisch geordneten Revue von Texten (oder auch nur Namen), anhand derer Said immer im Sinne seiner am Anfang des Buches postulierten Hauptthesen frei assoziiert.

James Clifford hatte »Orientalism« 1988 in seinem Buch »The Predicament of Culture« sehr verbindlich und gründlich kritisiert, und der große Theoretiker Said selbst hatte 1994 diese Kritik und die anderer »amerikanischer und englischer Professoren« im Nachwort zur zweiten Auflage einfach beiseite gewischt. (Die scheinbar überflüssige Erwähnung der Nationalität seiner Kritiker soll offenbar deren Komplizenschaft mit dem obwaltenden Orientalismus/Imperialismus dieser Länder andeuten – seine entschieden strengen und unnachgiebigen orientalischen Kritiker wie Aijaz Ahmad oder Sadiq Jalal Al-Azm erwähnt Said nicht.)

Cliffords Kritik war um so peinlicher, als sie von einem Foucault-Kenner kam und auf Saids Probleme mit dessen Diskursbegriff hinwies. »Es ist unmöglich, die komplexen Verflechtungen von Saids kritischer Methode zusammenzufassen«, heißt es (was auf weniger freundliche Weise von Varisco als Fehlen einer »klaren und replizierbaren Methode« beschrieben wird), sie sei »assoziativ, manchmal brillant, manchmal forciert und schließlich sich auf lähmende Weise ständig wiederholend. Es gelingt damit zumindest die Identifizierung und Diskreditierung einer Reihe von ›orientalischen‹ Stereotypen.« Diese Aufdeckung von Stereotypen sieht auch Eagleton als Saids eigentliches Verdienst. Aber wenn Saids Theorie zu nicht mehr taugt, als Stereotypen von der Art »ewiger und unveränderlicher Osten« oder »mystische Religiosität« zu registrieren, ist der enorme Anspruch von »Orientalismus« auf ein sehr bescheidenes Minimum geschrumpft.

Die von Said vorgetragene Beweisführung ähnelt eher einem Schauprozeß als einer wissenschaftlichen Abhandlung. Schauprozesse, so erklärt Wikipedia, sind »öffentliche Gerichtsverfahren, bei denen die Verurteilung der Beklagten bereits im vorhinein feststeht. Das verbleibende Ziel ist, die Gründe der Bestrafung in die Öffentlichkeit zu bringen.« Sie fänden gemeinhin »unter Mißachtung aller rechtsstaatlichen Prinzipien statt und dienen zur Eliminierung, Entwürdigung und Zurschaustellung der Beklagten in der Öffentlichkeit«.

Varisco untersucht auch die Rhetorik von »Orientalismus« und kommt zu ähnlichen Schlußfolgerungen, vermeidet aber die polemische Metapher »Schauprozeß« (und betont nachdrücklich, daß die Geschichte des Orientalismus zahlreiche Gründe für eine berechtigte Kritik liefere); er zitiert jedoch Kritiker Saids, die dessen Verfahren mit dem McCarthys in Verbindung bringen. Die Vorverurteilung des Angeklagten geschieht zunächst durch die Auswahl des Beweismaterials. Said: »Meine

Argumentation beruht jedoch weder auf einem umfassenden Korpus von Texten über den Orient noch auf einer klar begrenzten Gruppe von Texten, Autoren und Ideen, die zusammen den orientalistischen Kanon ausmachen.«

Während man einen umfassenden Korpus von Texten angesichts des Themas von niemandem verlangen könnte, ist der Verzicht auf diejenigen, die den orientalistischen Kanon ausmachen, nicht legitim. Said fährt fort: »Ich habe stattdessen eine andere methodologische Alternative gewählt, die von den historischen Verallgemeinerungen gestützt wird, die ich bislang in dieser Einführung vorgenommen habe«, das heißt eben seinen Anklagepunkten gegen den Orientalismus. Das ist keine »methodologische Alternative«, sondern ein methodischer Fehler: »zirkulär« nennt man das.

Das wichtigste Mittel in Saids Schauprozeß ist denn auch die Auslassung, die Nichtzulassung von entlastenden und Gegenbeweisen. Die Lektüre der drei »Orientalismus«-Kritiken führt das höchst anschaulich vor Augen, wobei freilich oft nicht klar ist, wo bei Said die bewußte Manipulation des Beweismaterials aufhört und die schlichte Ignoranz beginnt. Diese Auslassungen – zuweilen werden die Namen genannt, aber nur als Stichwortgeber für Said, nicht, um sie selbst zu Wort kommen zu lassen – reichen von ganzen Imperien (Byzanz, Rom – wie käme Said mit dem arabischen Kaiser Philippus Arabs zurecht?, wie mit den Stoikern, Marcus

Aurelius, Plinius dem Älteren?), Epochen (Renaissance) und Staaten (die der iberischen Halbinsel oder das Normannenreich in Sizilien und Süditalien zum Beispiel, mit denen Saids Theorie erhebliche Schwierigkeiten hätte) über die Orientalistik in Rußland oder Italien oder Spanien, über zentrale Figuren der Orientalistik wie (den Amerikaner) Marshall Hodgson mit seinem »The Venture of Islam« oder die zahlreichen antiimperialistischen Orientalisten wie Edward G. Browne oder Leone Caetani, über zentrale Texte wie etwa die Marco Polos oder Mandevilles, die nur en passant erwähnt und abgetan werden, obwohl es die wichtigsten und meistgelesenen mittelalterlichen Texte über den Orient waren) bis hin zur Auslassung von biographischen Fakten und Textzeilen.

Dazu kommt die Auslassung von grundlegenden Werken der Orientalistik. »Es ist schwer vorstellbar«, schreibt Varisco, »daß irgendjemand eine Kritik des orientalistischen Diskurses in Angriff nehmen kann, ohne zwei der zentralen Nachschlagewerke für Fachgelehrte der Orientwissenschaften in den siebziger Jahren des letzten Jahrhunderts zu untersuchen: die mehrsprachige ›Encyclopaedia of Islam‹ und das umfangreiche ›Handbuch der Orientalistik‹.«

Besonders verwunderlich ist Saids Auslassung von früheren Werken zu seinem Thema, die zahlenmäßig durchaus überschaubar sind, wie das von Leonard Binder herausgegebene »The Study of the Middle East« von 1976 oder Jacques Waardenburgs

Aufsatz von 1973 »Changes of Perspective in Islamic Studies over the Last Decade«, die nicht gut zu Saids Auffassung eines homogenen und unwandelbaren Orientalismus passen. Johann Fück wird nur mit einem englischsprachigen Artikel zitiert, sein grundlegendes Werk »Die Arabischen Studien in Europa bis in den Anfang des 20. Jahrhunderts« (1955) wird aber nicht berücksichtigt.

Raymond Schwabs »La renaissance orientale« (1950) wird zwar häufig erwähnt, nicht aber, daß »Schwabs Buch ... eine direkte, gelehrte Widerlegung all dessen ist, was Said in seinem ›Orientalismus‹ behauptet. Seite für Seite rühmt Schwab die Orientalisten dafür ..., nicht nur die westliche Zivilisation bereichert, sondern auch kulturelle Schranken niedergerissen zu haben«, schreibt Ibn Warraq. Soweit in »Orientalismus« gegenläufiges Beweismaterial vorgelegt wird, gilt: Edward Said doesn't take »no« for an answer.[7]

Eine Analyse der westlichen Orientalistik vorzunehmen, ohne die deutsche zu berücksichtigen, so war Said von Kritikern entgegengehalten worden, sei wie eine Geschichte der europäischen Musik unter Außerachtlassung der deutschen.[8] Dieser Einwand, so Said, »kam mir offen gestanden oberfläch-

---

7 Zu weiteren Methoden von Saids Schauprozeßführung siehe Siegfried Kohlhammer, Die Feinde und die Freunde des Islam, Göttingen 1996.
8 Zur deutschen Orientalistik im 19. Jahrhundert vgl. Sabine Mangold, Eine »weltbürgerliche Wissenschaft«, Stuttgart 2004.

lich und trivial vor, und es scheint keinen Sinn zu haben, ihnen auch nur zu antworten«. Man kann verstehen, daß Said nicht gern auf dieses Thema eingeht, allzu deutlich scheinen die Herder[9] und Wilhelm von Humboldt, die Goethe und Schlegel mit seinen Thesen zu kollidieren. Tut nichts, als Orientalisten im Sinne Saids werden sie schließlich doch en passant entlarvt.

Es überrascht, im Vorwort von 2003 die ganze Bande rehabilitiert und als nachahmenswertes Beispiel vorgeführt zu sehen, einschließlich ihrer Methode philologischen Verstehens, die Said in einer Klammer als »eingefüllen« angibt, was wohl »einfühlen« meinen soll. Mit dem Deutschen hatte Said ohnehin wenig Glück; beispielsweise wurde auf seine Übersetzung von Goethes »Gottes ist der Orient!« mit »God is the Orient!« hingewiesen,[10]

---

9 Zu Herder und den Formen der Orientbegeisterung im 18. und 19. Jahrhundert siehe Siegfried Kohlhammer, Ein angenehmes Märchen. In: Merkur, Nr. 651, Juli 2003. Said wirft Herder »Populismus« vor, ein Beispiel für Saids ahistorisches und oft anachronistisches Denken. René Gerards L'orient et la pensée romantique allemande (1963), das ausführlich auf Herders Texte zum Orient eingeht, ist Said offenbar ebensowenig bekannt wie die Texte selbst.

10 Die dritte der vier Zeilen des zitierten deutschen Originals enthält ebenfalls einen Fehler; die zuvor zitierten vier Zeilen aus Goethes »Hegire« enthalten vier Fehler – von einem ausgelassenen Wort bis zu einem falschen Satzzeichen. Und das sind noch harmlose Fälle, die zwar auf Saids generelle Schlampigkeit verweisen, aber das Ausmaß seiner Verfälschungen von Texten, Fakten, Ideen nur erahnen lassen.

einem Said offenbar unbekannten Koranvers übrigens, den Goethe der Zeitschrift »Fundgruben des Orients« von Hammer-Purgstall entnommen hatte, die in »Orientalismus« als »Fundgraben des Orients« auftauchen.

»How did he get away with it?« fragt Varisco angesichts all der Mängel von »Orientalismus«. Einer der vermutlich vielen Gründe besteht wohl darin, daß Said von vornherein die moralischen Kommandohöhen besetzte und besetzt hielt. Im Namen der Humanität, der Verbrüderung aller Menschen gegen Rassismus, Imperialismus, Ethnozentrismus anzugehen – wer möchte da nicht vollen Herzens zustimmen? Wer will sich als Kritiker Saids auf die Seite der Rassisten, Imperialisten, Ethnozentristen gestellt sehen? Saids »Orientalismus« reüssierte als moralisches Unternehmen – ein Schauprozeß im Namen einer höheren Moral, als es die »besonders strengen und unnachgiebigen« wissenschaftlichen Verfahren und Methoden sind. Aber, um auf die eingangs gestellte Frage zurückzukommen, ob eine Kritik Saids im Namen der traditionellen Anforderungen überhaupt sinnvoll sei: Diese Verfahren und Methoden, Empirie und Logik, sind das einzige, was wir haben gegen unsere Wahnvorstellungen, Wunschträume und Haßphantasien, wozu uns so vieles und so machtvoll drängt; nur sie, streng und unnachgiebig befolgt, vermögen etwas dagegen, nicht andere Wahnvorstellungen, Wunschträume und Haßphantasien.

»Ein angenehmes Märchen«

Die Wiederentdeckung und Neugestaltung des muslimischen Spanien

Im Vorwort zu der vorzüglichen zweibändigen Aufsatzsammlung »The Legacy of Muslim Spain«, die 1992 anläßlich des fünfhundertsten Jahrestages des Falls Granadas und des endgültigen Endes der muslimischen Herrschaft in Spanien erschien, bringt die Herausgeberin Salma Khadra Jayyusi ihre »große Freude« darüber zum Ausdruck, bei der Arbeit an diesem Werk festgestellt zu haben, wie viele Gelehrte aus der »westlichen Welt« »neuerdings« ihren »Enthusiasmus und ihre Hochachtung« für das Thema teilten. (Von den knapp 40 Beiträgern kommen etwa vier Fünftel aus der »westlichen Welt«.) »Die frühere absichtliche Nichtbeachtung einer weitausgreifenden und glänzenden historischen Präsenz während des gesamten Mittelalters von Arabern und arabisierten Muslimen (und sogar arabisierten Nichtmuslimen), die das Erbe menschlicher Intellektualität und Kreativität nicht nur bewahrten, sondern erheblich vermehrten, stellte, um es so milde wie möglich auszudrücken, ein lange geleugnetes historisches Verbrechen dar. Ich bin sehr froh, daß sich nun eine wachsende Zahl westlicher Gelehrter der Wahrheit annimmt.«

Welche Fähigkeiten auch immer Jayyusi die Herausgeberschaft dieses Werkes eintrugen, Kenntnisse von der Geschichte der Wiederentdeckung und wissenschaftlichen Erforschung Al-Andalus'[1] sind es wohl nicht gewesen. Man könnte diesen Ausfall kopfschüttelnd den zahlreichen Belegen unter der Rubrik »Welt des Islam/Die verfolgte Unschuld« hinzufügen und es dabei bewenden lassen, wenn seine Widerlegung nicht einiges Interessante zutage förderte. Die Wiederentdeckung der Kultur des muslimischen Spanien und die Anerkennung seiner Bedeutung für die europäische Kultur sowie ihre Idealisierung zu einem Goldenen Zeitalter der Toleranz fand in der »westlichen Welt« statt – im 18. und 19. Jahrhundert.

»Spanien war die glückliche Gegend, wo für Europa der erste Funke einer wiederkommenden Kultur schlug, die sich denn auch nach dem Ort und der Zeit gestalten mußte, in denen sie auflebte. Die Geschichte davon lautet wie ein angenehmes Märchen.« »Die Erscheinung selbst, daß an den Grenzen des arabischen Gebiets sowohl in Spanien als auch in Sizilien für ganz Europa die erste Aufklärung begann, ist merkwürdig und auch für einen großen Teil ihrer Folgen entscheidend.« Soweit Herder. Seiner »Arabertheorie« zufolge waren die Araber

---

1 Mit »Al-Andalus« und »muslimisches Spanien« sei hier derjenige Teil der iberischen Halbinsel gemeint, der sich jeweils unter muslimischer Herrschaft befand.

die »Lehrer Europas« in den Wissenschaften und Künsten.[2] »Herrlich ist der Orient/Über's Mittelmeer gedrungen«, sang der unvermeidliche Goethe.

Der französische Arabist Henri Pérès hat die Berichte muslimischer Reisender in Spanien im Zeitraum 1610 bis 1930 untersucht; er war erstaunt über die jahrhundertelange Indifferenz gegenüber dem ehemaligen Al-Andalus seitens der arabischen Welt.[3] Bernard Lewis, der sich ebenfalls mit diesem Thema beschäftigt hat, stellt fest, daß nach dem umfangreichen Werk al-Maqqaris über die Geschichte und Literatur Al-Andalus' vom Beginn des 17. Jahrhunderts dieser Teil der islamischen Geschichte im wesentlichen vergessen wurde. Seine Wiederentdeckung »wurde ausschließlich von Europäern geleistet«.[4]

1833 erschien in Paris das zweibändige Werk des französischen Historikers Louis Viardot »Essai sur l'histoire des arabes et des maures d'Espagne«, ein eher populärwissenschaftliches Werk, meint Lewis, das sich aber im Orient als sehr folgenreich erwies. »Die Wiederentdeckung des spanischen Kapitels ihrer Geschichte durch die Muslime läßt sich mit der Veröffentlichung einer türkischen Übersetzung

---

2 Zitiert nach Hans Hinterhäuser (Hrsg.), Spanien und Europa, München 1979.

3 Henri Pérès, L'Espagne vue par les voyageurs musulmans de 1610 a 1930, Paris 1937.

4 Bernard Lewis, Islam in History. Ideas, Men and Events in the Middle East, London 1973; History. Remembered, Recovered, Invented, Princeton 1975.

dieses Werks 1863–1864 in Istanbul genau datieren. Eine arabische Übersetzung von Chateaubriands romantischer Erzählung aus dem maurischen Spanien, ›Le dernier Abencerage‹, erschien 1864 in Algier. Die türkische Übersetzung Viardots wurde 1886–1887 in vier Bänden neuaufgelegt, gerade zum Zeitpunkt eines wachsenden Interesses der Muslime an Al-Andalus.«

Die Reiseberichte der marokkanischen Gesandten von 1610 bis 1885, soweit sie sich überhaupt zu Al-Andalus und den erhalten gebliebenen architektonischen Zeugen jener Zeit äußern, bringen ihr Bedauern über den Verlust islamischen Gebiets zum Ausdruck und über die Anwesenheit der Ungläubigen dort mit ihrem Polytheismus und ihrer Unreinheit, und sie formulieren fromme Wünsche zur Wiederherstellung des früheren Zustandes.[5] Als Ort einer einzigartigen blühenden Kultur, von Wissenschaft und Philosophie, von Pluralismus und Toleranz taucht Al-Andalus in diesen Berichten nicht auf. Ebendies wird nun das Thema der Werke nach 1885, wobei »unermüdlich die Großartigkeit der muslimischen Zivilisation betont wird«. Muslimische Zivilisation, Zivilisation, Zivilisation … es wird einem fast

---

5 In Herders Islam-Lexikon schreibt Peter Heine unter dem Stichwort »Reconquista«: »Inzwischen hat eine muslimische Wiedereroberung Andalusiens begonnen, indem große Teile des Landes von wohlhabenden Muslimen aufgekauft worden sind und andalusische Autonomie-Bewegungen Unterstützung durch verschiedene islamische Staaten erhalten.«

zuviel, zumal die verbitterte, gegen Europa gerichtete Polemik einem die Lektüre nicht erleichtert. Verständlich wird das, berücksichtigt man den historischen Kontext und die soziale Stellung der Autoren aus der gebildeten Mittelschicht: Die dicke Bertha im ideologischen Arsenal des westlichen Imperialismus war die *Zivilisation* – deren Mangel machte die Beherrschten (und noch zu Beherrschenden) unfähig zu Selbstregierung und -verwaltung und zur Teilhabe am allgemeinen materiellen und geistigen Fortschritt der Menschheit und legitimierte die verschiedenen Formen des Eingreifens der imperialen Mächte in diesen Ländern (»mission civilisatrice«, »the white man's burden«; das Britische Empire, so Queen Victoria, diene »dem Schutz der armen Eingeborenen und der Verbreitung der Zivilisation«).

Der Nachweis, sich zivilisatorisch auf Weltniveau zu befinden (oder zumindest befunden zu haben, also zivilisationsfähig zu sein) – und gerade als Beherrscher auf europäischem Boden, als *Lehrer Europas* –, machte Al-Andalus zu einem so attraktiven Paradigma (ansonsten wären ja zahlreiche andere Beispiele für zivilisatorische Höchstleistungen leicht zu erbringen gewesen, vom Bagdad der Abbasiden bis zu den indischen Großmoguln) und war in einer Situation wichtig, in der die islamische Welt sich von allen Seiten bedroht sah oder bereits Teil christlicher Imperien war.

Gerade die Vertreter des gebildeten Mittelstandes, die Träger der antiimperialistischen Bewegung, mußten den Vorwurf mangelnder Zivilisation um so schmerzhafter empfinden, als sie aufgrund ihrer Kenntnis westlicher Gesellschaften auch wußten, daß dies nicht nur imperialistische Ideologie war, sondern im Bereich der Wissenschaften und Technologie, der politischen Systeme und Verwaltungsorganisation etc. der Wirklichkeit entsprach. Und es war generell für die Mitglieder der »besten aller Gemeinschaften«, die Gott selbst zur Herrschaft über die Ungläubigen ausersehen hatte, eine schwere Kränkung, die der Äußerung und Linderung bedurfte. Bei M. Kurd Ali klingt das 1922 so: Al-Andalus »ist ein ewig gültiger Beweis für die außergewöhnliche Begabung der Araber für die Wissenschaften und Künste und die radikalste Widerlegung jener, die ... die zivilisatorischen Verdienste dieses Volkes geleugnet haben ... Das arabisch-muslimische Spanien war die Schule des christlichen Okzidents.«

Erheblich zur Verbreitung des Al-Andalus-Kultes hat auch der populäre Dichterfürst Ahmad Schauki beigetragen, der 1914 aufgrund seiner nationalistischen Aktivitäten von der britischen Protektoratsregierung ins Exil geschickt worden war und nach Spanien ging, wo er bis Kriegsende lebte. Pérès hebt zwei seiner Gedichte mit andalusischer Thematik hervor, die viele Muslime bewegt und andere Dichter zur Behandlung dieses Sujets angeregt haben. So entstand »der Kult um Al-Andalus, der ein so bemerkenswertes Charakteristikum neuerer und moderner islamischer Werke ist«, wie Lewis schreibt. Geschichte und Literatur Al-Andalus' werden nach 1918 in allen arabischen Ländern obligatorischer Unterrichtsgegenstand und damit gleichsam institutionalisiert. Innerhalb von circa 30 Jahren war Al-Andalus von einem weißen Fleck auf der Landkarte und im kollektiven Bewußtsein zum Höhepunkt islamischer Zivilisation und Lehrmeister Europas avanciert – und, so darf man hinzufügen, zu einem »angenehmen Märchen«. Aber das war nicht neu.

Wie ging die islamische Welt nun mit dem Faktum um, daß es Europäer waren, die Al-Andalus wiederentdeckt hatten? Das war, wie Lewis schreibt, eine bittere Pille und »wird deshalb im allgemeinen verschwiegen. Einige muslimische ›Historiker‹ haben sich sogar zu der Behauptung verstiegen, daß dieses ruhmreiche Kapitel der muslimischen Geschichte und der via Spanien erfolgte enorme muslimische Beitrag zur europäischen Zivilisation von böswilligen und vorurteilsbehafteten europäischen Historikern aus Feindschaft gegenüber dem Islam absichtlich verborgen gehalten worden seien.« Dieser Verschwörungstheorie ist wohl auch noch 1992 die eingangs zitierte Jayyusi aufgesessen mit ihrem »historischen Verbrechen«.

Noch vor dem Anfang des 20. Jahrhunderts hatte Ahmad Zaki den Miltonschen Titel »Paradise Lost« ins Arabische übersetzt und auf Al-Andalus angewandt. »Der Erfolg dieser Formulierung, unermüdlich wiederholt von Dichtern, Literaten und

Journalisten, zeigt deutlich die von den Orientalen bewahrte mystische Sicht von Al-Andalus, die sie sicher noch lange beibehalten werden und die sie über dieses auf ewig verlorene Paradies ›weinen‹ lassen wird«, heißt es bei Pérès, und auch damit hatte er recht. 100 Jahre nach Zaki schreibt Jayyusi in ihrem Vorwort: »Die Araber und Muslime haben alle stillschweigend und ohne Absprache Al-Andalus als eine ewig bleibende Erinnerung in ihrem Herzen erwählt ... Viele von ihnen betrachten es auch als ein verlorenes Paradies, und die beständige Trauer über seinen Verlust wurde erheblich vertieft durch die jüngst erlittenen Verluste in Palästina.«

Der »Stillschweigend und ohne Absprache«-Teil gefällt mir besonders gut. Unverändert auch nach 100 Jahren die kompensatorische Funktion von Al-Andalus: »Die Echos einer ruhmreichen andalusischen Vergangenheit wurden in der arabischen Psyche lebendig bewahrt, und Dichter und Schriftsteller des 20. Jahrhunderts entdeckten darin ein anschauliches Thema, wodurch sie Katharsis und Bestätigung in einer Welt der Ablehnung und der Mißverständnisse suchten.« Aber Ablehnung und Mißverständnisse der bösen Welt draußen sind nicht das wirkliche Problem. Die fortdauernde Popularität und Propagierung des Al-Andalus-Kultes sind Symptom der fortdauernden Misere und Rückständigkeit der islamischen Welt, der dieser Kult als Kompensation und Trostpflaster dient.

Das europäische Interesse am muslimischen Spanien wurde im 18. Jahrhundert durch die Aufklärung und deren Islamophilie vorbereitet. Ein idealisiertes Bild der islamischen Welt – ihrer quasi aufgeklärten deistischen Religion (keine Kirche, keine Geistlichen, keine Inquisition, keine Bücherverbrennungen oder Autodafés, so glaubte man), ihrer Toleranz, ihrer gerechten Gesetzgebung und undogmatischen Vernunft – diente als Mittel der Beschämung und Kritik des christlichen, insbesondere des katholischen Europa. Autoren wie Pierre Bayle oder Edward Gibbon, Montesquieu, Voltaire (nach dem »Mahomet«) oder Lessing, deren Einfluß man kaum überschätzen kann, malten aktiv an diesem Bild des edlen Muslim oder Orientalen mit, dessen europakritische Funktion der des edlen Wilden entsprach.

Wie die Figur Saladins zeigt, läßt sich die Idealisierung und Verklärung des Islam in europakritischer Absicht bis ins Mittelalter zurückverfolgen. Diese Figur weist eine interessante Parallele zu Al-Andalus auf, was ihre Rolle im kollektiven Gedächtnis der Muslime betrifft: Beide waren jahrhundertelang vergessen und wurden erst unter westlichem Einfluß im 19. Jahrhundert neuentdeckt und -bewertet. »So überraschend es klingt, Saladin, der bald im mittelalterlichen Europa in den Jahrhunderten nach den Kreuzzügen idealisiert und von der europäischen Aufklärung geradezu enthusiastisch einem heroischen Muster angepaßt wurde – man

91

denke nur an seine Darstellung bei G. E. Lessing und Sir Walter Scott –, wurde jahrhundertelang im Nahen Osten ignoriert.«[6]

Saladin wurde in literarischen Werken des europäischen Mittelalters zu einer »Idealfigur der Ritterlichkeit«. Er ging ein »in die europäische Legende als satirischer Kritiker europäischer Moral und sogar als der gute Mensch, der bemüht war, die Wahrheit des Christentums anhand der christlichen Praxis auf eine Probe zu stellen, die sie nicht bestand. Das war ein beliebtes Verfahren der Moralisten«, und so »wurde er eine Figur der christlichen Homiletik«.[7] Als islamisches Tugendmodell sowie Beschämungs- und Läuterungsinstrument taucht er dann in der Aufklärung wieder auf. Als Kaiser Wilhelm II. auf seiner Orientreise 1898 das Grab Saladins in Damaskus aufsucht, lobt er ihn in einer Rede als »Ritter ohne Furcht und Tadel«, der oft seine christlichen Gegner wahre Ritterlichkeit gelehrt habe. Kurzum: Im 18. Jahrhundert begannen die Europäer an die islamische Toleranz und höhere Menschlichkeit zu glauben, ab dem 19. Jahrhundert schlossen sich die Muslime ihnen an, und im 20. glaubten schließlich auch die Islamwissenschaftler daran.

---

6 Carole Hillenbrand, The Crusades. Islamic Perspectives, New York 2000.

7 Norman Daniel, The Arabs and Medieval Europe, London 1979. Informativ in diesem Zusammenhang ist Hans Naumann, Der wilde und der edle Heide. In: Paul Merker/Wolfgang Stammler (Hrsg.), Vom Werden des deutschen Geistes, Berlin 1925.

In der Mitte des 18. Jahrhunderts war demgegen-
über das europäische Spanienbild auf seinem Tief-
punkt angelangt – »Spanien« war unter dem Einfluß
protestantischer Propaganda und aufklärerischer
Kritik zum Troglodyten unter den Völkern Europas
geworden. Was die Spanier die »schwarze Legende«
nennen, wurde damals geboren (bleibende Wirkung
übten dabei in Deutschland Goethes »Egmont«
und Schillers »Don Carlos« aus). Sie war aber
nur gegen das katholische Spanien, nicht das muslimische gerichtet, wirkte sich vielmehr positiv auf
das Bild des muslimischen Spanien aus, insofern
dessen Bewohner als Opfer spanischer Gewalt und
religiösen Fanatismus gesehen wurden – die Vertreibung der Morisken Anfang des 17. Jahrhunderts
war einer der Hauptpunkte aufklärerischer Spanien-
kritik – und damit im Umkehrschluß als Freunde
der Toleranz und des religiösen Pluralismus. Der
britische Historiker L. P. Harvey stellt fest: »Weil
sich zuweilen liberale Gegner des katholischen
Extremismus der Sache des spanischen Islam ver-
schrieben haben, gibt es eine Tendenz anzunehmen,
daß die Feinde des Katholizismus liberal und tolerant waren. Wie wir sahen, entspricht das in keiner
Weise den Tatsachen.«[8]

Im letzten Drittel des 18. Jahrhunderts wird dann
Al-Andalus in und für Europa neu entdeckt und
neu bewertet, und zwar im Rahmen eines grund-

---

8   L. P. Harvey, Islamic Spain 1250 to 1500, Chicago 1992.

legenden Wandels des Spanienbildes.[9] Die weitestgehenden Ansprüche hinsichtlich der Bedeutung des muslimischen – man sprach damals meist vom arabischen oder maurischen – Spanien wurden von Herder formuliert: Im Kontakt und Konflikt mit den Arabern wird Europa als spezifische, von der Antike und der barbarischen Vorgeschichte unterschiedene Kultur konstituiert. Durch die »Berührung mit dem orientalischen Genius« wird Spanien zur »Wiege« des neuen Europa.

Die Araber gelten Herder als die »Lehrer Europas«, die das »helle Licht« ihrer Kultur in die »Dunkelheit« getragen haben: Europas »erste Aufklärung«. James Cavanah Murphy erklärt als Ziel seiner vierzehnjährigen Arbeit an den »Arabian Antiquities of Spain« (1815), es dem Leser zu ermöglichen, »sich ein genaues Bild zu machen von dem sehr hohen Grad der Vervollkommnung, den die spanischen Araber in den schönen Künsten erreichten, während im übrigen Europa noch Ignoranz und Barbarei herrschten«[10]. In Washington Irvings

---

9 Darüber informieren das Werk von Hinterhäuser und Werner Brüggemann, Die Spanienberichte des 18. und 19. Jahrhunderts und ihre Bedeutung für die Formung und Wandlung des deutschen Spanienbildes. In: Spanische Forschungen der Görres-Gesellschaft, Münster 1956.

10 Zitiert nach Michael Scholz-Hänsel, Antiguedades arabes de España: Wie die einst vertriebenen Mauren Spanien zu einer Wiederentdeckung im 19. Jahrhundert verhalfen. In: Gereon Sievernich/Hendrik Budde (Hrsg.)· Europa und der Orient. 800–1900, Gütersloh 1989.

enorm populären »Tales of the Alhambra« heißt es dann 1832, die Araber »verbreiteten das Licht orientalischen Wissens in den westlichen Teilen des finsteren Europa«. Was einmal ein kühner Gedanke, eine überraschende Entdeckung war, wird bald zur endlos und reflexhaft wiederholten Formel, die nichts anderes mehr zum Ausdruck bringt als eine eitle Zurschaustellung der eigenen Vorurteilslosigkeit.

Für Herder reicht der arabische Einfluß aber noch weiter: Mittelbar haben sie durch den Einfluß arabischer Poesie auf die Provenzalen und deren zum ersten Mal *volkssprachliche* Literatur den »Despotismus der lateinischen Sprache« gebrochen, unter dem alle anderen Völker Europas noch schmachteten, und so »für ganz Europa Freiheit der Gedanken bewirkt«. »Sind wir den Provenzalen und ihren Erweckern, den Arabern, nicht viel schuldig?« (Man muß freilich die Herdersche These vom sprachlichen Weltbild teilen, um diesem Argument folgen zu können. Und die Diskussion über den Einfluß arabischer Poesie auf die provenzalische ist bis heute nicht entschieden.)

Die zentrale Bedeutung der Volkssprache in Herders Theorie mußte sein Interesse auf die spanischen Romanzen lenken (*el romance*: in der romanischen Volkssprache Geschriebenes), und seine und anderer Bemühungen um Übersetzung und Verbreitung dieser Romanzen waren nicht nur, wie bekannt, literarisch und künstlerisch äußerst anregend, sie trugen auch entscheidend zur Neuentdeckung und positiven Neubewertung der maurischen Kultur von Al-Andalus bei. In den Grenzromanzen (*romances fronterizos*), deren Thema die Kämpfe an der Grenze zwischen christlichem und islamischem Spanien sind, »zwischen Rittern und Rittern«, wie Herder schreibt, treten die muslimischen Kämpfer als gleichwertige auf. Harvey bemerkt dazu: »In den kastilischen Balladen werden beide Seiten als mit denselben bewundernswerten moralischen Eigenschaften durchdrungen dargestellt, beide achten sie denselben ritterlichen Verhaltenskodex. Was die eine Gruppe von Menschen von der anderen unterscheidet, ist eine Reihe von gänzlich oberflächlichen Unterschieden in Kleidung und Sprache. Bösewichte fehlen in dieser Grenzliteratur.« Und an anderer Stelle heißt es: »Eine der bemerkenswerten Eigenschaften dieser Grenzballaden besteht darin, daß sie, obwohl auf kastilisch geschrieben, oft eine bemerkenswerte Empathie mit den (muslimischen) Bewohnern Granadas und ihrem schweren Los zum Ausdruck bringen.«

Daneben sind die *romances moriscos* zu nennen, die nach 1492 verfaßt wurden und laut »Metzler Literatur Lexikon« das Leben spanischer Mauren idealisieren. Ein Teil dieser Romanzen findet sich in dem sehr einflußreichen, um 1600 erschienenen historischen Roman Ginés Pérez de Hitas »Historia de los Vandos de los Zégries y Abencerrajes«, der »seine starke Sympathie für die Mauren« zum Ausdruck bringt und im ersten Teil »ein verklärtes

Bild« Granadas zeichnet, wie »Kindlers Literatur Lexikon« festhält. Die deutsche Übersetzung erschien 1821 unter dem Titel »Geschichte der bürgerlichen Kriege in Granada«.

Das Mauren- und Abenceragen-Motiv wird im 16. Jahrhundert auch in anderen Prosawerken und in Romanzen behandelt, es findet sich in Montemayors »Diana« und in dramatisierter Form bei Lope de Vega (»El remedio en la desdicha«). Alle diese literarischen und historischen Werke, die das Bild des maurischen Spanien in Europa entscheidend mitbestimmten, gehören zum Phänomen der »literarischen Maurophilie«, wie der französische Hispanist G. Cirot es im »Bulletin Hispanique« (1938, 1939) genannt hat, bringen Mitleid und Sympathie und oft eine bis zur Verherrlichung gehende Bewunderung der Mauren und Moriskos zum Ausdruck – »Es ist ein eigenartiges Phänomen kollektiver Schwärmerei«, schreibt Cirot – und tragen so entscheidend zum »Araberkult« des 18. und 19. Jahrhunderts bei.

Graf Adolf Friedrich von Schack, der Verfasser von »Poesie und Kunst der Araber in Spanien und Sizilien« (1865), Übersetzer arabischer Poesie und – zusammen mit Geibel – spanischer Romanzen, hatte bereits ein halbes Jahrhundert vor Cirot auf das Phänomen der Maurophilie in der spanischen Literatur nach dem Fall Granadas aufmerksam gemacht: Es sei damals Mode geworden, »die Mauren zu besingen, ihre Ritter wie Damen zu feiern und das ganze arabische Leben in glänzenden Farben darzustellen«. Mit Chateaubriands »Le dernier Abencerage« (1826) und Washington Irvings »Tales of the Alhambra« wird die Geschichte der Abenceragen endgültig Teil der Weltliteratur, und der damit einhergehende Granada- und Alhambrakult wird zur Hauptausdrucksform des Interesses und der Begeisterung für das muslimische Spanien. »Dem von einem Gefühl für das Historische und Poetische durchdrungenen Reisenden ist die Alhambra in Granada ebensosehr ein Gegenstand der Verehrung wie es die Kaaba oder das heilige Haus in Mekka für alle wahren muslimischen Pilger ist. Wie viele Legenden und Überlieferungen, wahre wie erfundene, wie viele Lieder und Romanzen, spanische und arabische, von Liebe und Krieg und Ritterlichkeit sind mit diesem romantischen Bauwerk verbunden!«

In der zweiten Hälfte des 19. Jahrhunderts beginnt das positive romantische Bild des christlichen Spanien zu verblassen, und – in Deutschland auch unter dem Einfluß des Kulturkampfes – das alte negative Spanienbild der »schwarzen Legende« tritt wieder in den Vordergrund. Das Bild des muslimischen Spanien ist davon jedoch nicht betroffen – im Gegenteil, es dient nun als positives Kontrastbild. Das zeigt sich in zahlreichen Reiseberichten, wo der Escorial der Alhambra oder der Moschee von Córdoba gegenübergestellt wird. Da tritt »die Gestalt des finsteren Philipp« gegen »die märchenhafte

98

Welt der Omejadenkalifen« an, Fanatismus und Inquisition gegen »das Spiel einer ringenden, strebenden Jugend«, »die Türme der Inquisition mit ihren zwanzig Gefängnissen und sieben Patios ein Labyrinth des Schreckens«, gegen »arabische Mauerbogen, Grottenwerke und rauschende Brunnen«. Spanien spaltet sich so in einen Dr. Jekyll und einen Mr. Hyde, »in eins, das höchster Verehrung, und in ein anderes, das aller Verachtung würdig ist. Dieses zweite, das verabscheuungswürdige, ist das der Inquisition. Und naturgemäß vergegenständlicht es sich im Escorial, der Bauphantasie eines Despoten, der Land und Volk verdummte und ruinierte ... Als Gegenstück dazu die Alhambra. In ihr scheint das andere Spanien, das üppige, lebensbejahende, das wissende, künstlerische, das Spanien der farbigen Lust«.[11] Schon 1865 hatte der Kirchengeschichtler P. B. Gams die zahlreichen Vertreter dieser Tendenz als »Halbmondsüchtige« verspottet.

Unter den Gebildeten wird es nun zum obligatorischen Gestus, der christlichen Kultur die muslimische vorzuziehen: Spanien sei »recht eigentlich ein Land der Todten«, schreibt Heinrich von Treitschke 1886 aus Spanien. »Alles, aber auch alles Schöne und Gute ... ist durch die Mauren geschaffen ... Man könnte hier Muhammedaner werden.« Er überlegt es sich dann aber doch: »Froh werde ich sein, wieder in die protestantische Welt zu kommen.«

---

11   Alle Zitate nach Brüggemann.

Kaiser Wilhelm II. schrieb 1898 dem Zaren, seinem Cousin, er habe beim Verlassen Jerusalems ein Gefühl der Scham gegenüber den Muslimen empfunden und wäre gewiß Muslim geworden, wenn er nicht schon einer Religion angehörte. Der britische Historiker Stanley Lane-Poole schreibt in seinem »The Moors of Spain« (1897): »Die Geschichte Spaniens bietet uns einen melancholischen Kontrast. Fast acht Jahrhunderte lang gab Spanien unter seinen muslimischen Herrschern ganz Europa ein leuchtendes Beispiel für einen zivilisierten und aufgeklärten Staat ... Mit Granada fiel auch alle Größe Spaniens ... Es folgten ... die Schwärze und Finsternis, worin Spanien seitdem versunken ist.«[12] Ein anderer Briefschreiber teilt aus Spanien mit: »Übrigens müssen Sie wissen, ... ich bin seit Córdoba von einer beinah rabiaten Antichristlichkeit, ich lese den Koran, er nimmt mir, stellenweise, eine Stimme an, in der ich so mit aller Kraft drinnen bin, wie der Wind in der Orgel.« So 1912 Rainer Maria Rilke.

Ich fasse zusammen: Von Ignorieren, Verschweigen, Indifferenz gegenüber Al-Andalus kann in Europa für den behandelten Zeitraum keine Rede sein. Es überwiegen bei weitem Interesse, Hochschätzung, ja Begeisterung, die sich auch aktiv äußern – in Reisen, literarischer und anderer künstlerischer Produktion, Übersetzungen und Editionen,

---

12 Zitiert nach Richard Fletcher, Moorish Spain, Berkeley 1992.

Forschungsarbeit und wissenschaftlichen Publika-tionen. Es ist seit geraumer Zeit üblich, so etwas als »Orientalismus« abzutun und als Ausdruck eines besonders heimtückischen Defekts westlicher Gesell-schaften darzustellen. Was soll man dazu sagen?[13]

Der Mythos vom muslimischen Spanien als Gol-denem Zeitalter und von der islamischen Toleranz wurde gepflegt und entscheidend gefördert von den europäischen, insbesondere von den deutschen Ju-den. Auf diesen – von der heutigen Konfliktsitua-tion aus betrachtet – paradoxen Sachverhalt hatte Bernard Lewis wohl als erster hingewiesen. »Der Mythos spanisch-islamischer Toleranz wurde beson-ders von jüdischen Gelehrten gefördert, denen er als Stock diente, um ihre christlichen Nachbarn zu schlagen.« Der allgemeine Rahmen dafür, so Lewis, war die protürkische und islamophile Haltung der Juden im 19. Jahrhundert – ein Beispiel dafür ist der weit überproportional hohe Anteil der Juden an den Orientalisten – und der romantische Spani-enkult, der um 1830 auf das muslimische Spanien ausgedehnt worden sei und das Interesse auf die spanischen Juden gelenkt habe und ihr tragisches Schicksal der Vertreibung durch die Intoleranz der katholischen Könige. In Disraelis »Coningsby« (1844) wird Al-Andalus als »jene schöne und un-übertroffene Zivilisation« besungen, in der »die

---

13 Was man dazu sagen soll, steht in Siegfried Kohlhammer, Die Feinde und die Freunde des Islam, Göttingen 1996.

Kinder Ismaels (die Araber) die Kinder Israels mit gleichen Rechten und Privilegien belohnten. Während dieser seligen Jahrhunderte fällt es schwer, die Gefolgsleute Moses' von den Anhängern Mohammeds zu unterscheiden. Beide erbauten sie gleichermaßen Paläste, Gärten und Brunnen, versahen gleichberechtigt die höchsten Staatsämter, konkurrierten in einem in die Ferne reichenden und aufgeklärten Handel und wetteiferten miteinander an berühmten Universitäten.«

Wie Lewis vernachlässigt auch Mark R. Cohen bei der Erklärung des Mythos Al-Andalus die europäische Aufklärung im allgemeinen und die jüdische (Haskalah) im besonderen und setzt die Entstehungszeit des Mythos viel zu spät an. Er ergänzt aber das Bild: Die mitteleuropäischen Väter der jüdischen Geschichtsschreibung haben im 19. Jahrhundert die Geschichte der Juden unter dem Islam in der Form eines »Mythos interreligiöser Utopie« dargestellt, der bald zum »historischen Postulat« wurde.[14] Frustriert vom schleppenden Voranschreiten der Emanzipation der Juden, suchten jüdische Intellektuelle nach einem historischen Präzedenzfall für Toleranz gegenüber den Juden und fanden ihn im muslimischen Spanien, wo diesen, wie sie glaubten, ein bemerkenswert hoher Grad der Tolerierung, des politischen Erfolgs und der kulturellen

---

14   Mark R. Cohen: Under Crescent and Cross. The Jews in the Middle Ages, Princeton 1996.

Integration gewährt worden war. Eine wichtige Rolle habe dabei der deutsche protestantische Gelehrte Franz Delitzsch gespielt mit seinem Werk »Zur Geschichte der jüdischen Poesie« (1836), worin die Zeit von 940 bis 1040 – ungefähr die des Kalifats von Córdoba – als das Goldene Zeitalter jüdischer Poesie bezeichnet wird. Das wurde nun auf den gesamten Zeitraum der muslimischen Herrschaft in Spanien ausgedehnt und auf den gesamten politisch-sozialen Bereich; so entstand der »Mythos interreligiöser Utopie«, dessen Zweck es gewesen sei, das christliche Europa herauszufordern, die Emanzipation der Juden in allen Bereichen zu verwirklichen. Dieser Mythos, an dessen Propagierung sich die Vertreter der »Wissenschaft vom Judentum« beteiligten, zumal Heinrich Graetz, überlebte auch die Emanzipation der Juden und setzte sich im 20. Jahrhundert fort. Cohen: »Man kann sagen, daß das Bild des Goldenen Zeitalters sowohl in der Forschung wie in der Populärversion weiterhin bestimmend ist.«

Dem jüdischen Mythos vom muslimischen Spanien liegt, so ist Ismar Schorschs instruktivem Aufsatz zu entnehmen, der Sephardim-Mythos zugrunde.[15]

---

15 Ismar Schorsch, The Myth of Sephardic Supremacy. In: Leo Baeck Institute Year Book, 1989. Sephardim wird hier im engeren Sinne benutzt: die einstigen jüdischen Bewohner der iberischen Halbinsel und ihre Nachkommen (»Sepharad« ist der hebräische Name für Spanien). Eine spannende Geschichte der Sephardim hat Jane S. Gerber geschrieben: The Jews of Spain, New York 1992.

Danach hatten die deutschen Juden die Sephardisierung als den aussichtsreichsten Weg zur vollen Emanzipation und Integration in die deutsche Gesellschaft gesehen. Sie ermöglichte es den deutschen Juden, sich zu verwestlichen und zugleich ihre jüdische Identität zu bewahren. Ihre Lösung vom aschkenasischen Judentum bedeutete nicht nur Verwestlichung und eine Zurückweisung von Tradition, sondern auch eine Suche nach einem »jüdischen Paradigma, das Rebellion gegen die Institutionen in jüdischem Boden verankern konnte«, und sie fanden dieses Paradigma im religiösen Erbe der Sephardim, ohne das sie sich gänzlich vom Judentum gelöst hätten. So konnte die Kritik des aschkenasischen Judentums vom Standpunkt »einer brauchbaren Vergangenheit« aus vorgenommen werden. Ein Bild der Sephardim wurde »konstruiert«, das eine religiöse Haltung ermöglichte, die durch kulturelle Offenheit, philosophisches Denken und Wertschätzung des Ästhetischen gekennzeichnet war: ein »historischer Mythos«, so Schorsch, der sowohl dem Erneuerungsstreben entgegenkam wie dem Wunsch nach Kontinuität. Heine ist, mit seiner zuweilen ostentativen Sephardität, ein typisches Beispiel für die sephardische Wende, hat sich jedoch an der oft damit einhergehenden Verächtlichmachung der aschkenasischen Juden nicht beteiligt. 1820 legte Eduard Gans, Vorsitzender des Vereins für Cultur und Wissenschaft der Juden, der preußischen Regierung eine Petition vor, in der er die behördliche Erlaubnis für den Namen und die Aktivitäten des Culturvereins erbat. Gans verwies auf die Geschichte der spanischen Juden, die allen anderen sowohl physisch wie geistig ähnlich gewesen seien und denen von den Arabern Gleichheit mit den Muslimen gewährt worden sei – zum Vorteil und Nutzen beider Seiten.

Die *romance with Spain*, der Wechsel von Polen zu Spanien, war schon in der Haskalah, der deutsch-jüdischen Version der Aufklärung, vorgezeichnet, der der aus Córdoba stammende sephardische Maimonides mit seinem *Führer der Unschlüssigen* als der große intellektuelle Emanzipator galt. Hinzu kam das Beispiel der rechtlich und wirtschaftlich weitaus besser gestellten und assimilierten sephardischen Juden in Amsterdam, London, Bordeaux und Hamburg. Schorsch belegt diese *romance with Spain* anhand zahlreicher Beispiele, von der Liturgie und Synagogenarchitektur zu den historischen Romanen jüdischer Autoren, vor allem aber der »Wissenschaft vom Judentum«: »Die Entwicklung der modernen jüdischen Wissenschaft kann nicht losgelöst vom Spanienmythos verstanden werden, und kein anderes Gebiet der modernen jüdischen Kultur stand denn auch so lange in seinem Bann ... Das historische Denken des modernen Judentums wurde mit spanischer Kost großgezogen.« Zusammen mit den Arabern werden nun die Juden zu den Lehrern Europas, die den Barbaren im Norden zeigten, was eine zivilisatorische Harke ist. Salomon Munk formuliert das 1846 so: »Den Juden kam zweifelsohne zusammen mit den Arabern das Verdienst zu, die Wissenschaft der Philosophie in den Jahrhunderten der Barbarei bewahrt und verbreitet zu haben, und dadurch übten sie lange Zeit einen zivilisierenden Einfluß auf Europa aus.« Die sephardischen Juden stehen nun für eine Epoche in der jüdischen Geschichte, die den religiösen Fanatismus und die kulturelle Engstirnigkeit des christlichen Europa beschämte.

Aber die sephardische Kultur Spaniens war nicht nur ein nachträgliches Konstrukt, ein Mythos; in der Begegnung mit der islamischen Kultur, Philosophie und Wissenschaft und darüber mit der griechisch-hellenistischen hatte sich das spanische Judentum tatsächlich nach außen geöffnet und grundsätzlich gewandelt. »Paradoxerweise hatte der Kontakt mit dem Islam das Judentum zu einem Teil der westlichen Welt gemacht.« So hätten die Araber nicht nur den europäischen Christen, sondern – über die Sephardim – auch den europäischen Juden auf dem Weg in die Moderne geholfen. Bleibt nur noch zu klären, warum sie ihn nicht selber eingeschlagen haben. Jedenfalls müßten auch die Juden sich mit Herder die rhetorische Frage stellen, ob sie den Arabern nicht viel schuldig seien.

Bis in die zweite Hälfte des 20. Jahrhunderts blieb die Romanze von der interreligiösen Harmonie und der jüdischen Gleichberechtigung auf der Grundlage islamischer Toleranz unangefochten.

Was aber im 19. Jahrhundert zur Beschämung des christlichen Europa und zur Förderung jüdischer Gleichberechtigung und Anerkennung nützlich gewesen sein mochte, drohte sich spätestens mit der Gründung des Staates Israel und den darauf folgenden Kriegen und Konflikten gegen die israelischen Juden zu kehren. Von arabischer Seite wurde der Mythos interreligiöser Utopie zunächst, wie wir sahen, als Beweis arabischer zivilisatorischer Höchstleistungen aufgegriffen, dann aber auch – mit der Verschärfung des Konflikts in Palästina – gegen Zionismus und Israel eingesetzt. 1974 erklärte Jasir Arafat schließlich vor der Vollversammlung der UNO: »Die Araber (Palästinas) ... verbreiteten jahrtausendelang Kultur im ganzen Lande, stellten ein Beispiel dar für die Praktizierung religiöser Toleranz und Glaubensfreiheit und hüteten als treue Wächter die heiligen Stätten aller Religionen ... Unser Volk verfolgte diese aufgeklärte Politik weiter bis zur Errichtung des Staates Israel und seiner Vertreibung.«

Wenn das harmonische Miteinander von Juden und Muslimen unter dem Islam durch den Zionismus und die Etablierung des Staates Israel beendet wurde, dann bedarf es nur des Verzichts auf Zionismus und Israel, um die frühere interreligiöse Harmonie wiederherzustellen. So heißt es in der Hamas-Verfassung: »Nur im Schatten des Islam konnten die Gläubigen aller Religionen sicher koexistieren und ihr Leben, Eigentum und ihre Rechte geschützt finden ... (Hamas) fühlt sich der dem Islam innewohnenden Toleranz gegenüber anderen Religionen verpflichtet ... Schutz und Sicherheit kann es nur im Schatten des Islam geben, und neue wie alte Geschichte sind der beste Zeuge dafür.«

Schon 1946 hatte der jüdische Historiker Cecil Roth darauf hingewiesen, daß die 19.-Jahrhundert-Version der jüdischen Idylle unter dem Islam die Gefahr in sich berge, »uns auf die Dauer erheblich zu schaden«, wobei er auf die Schriften antizionistischer Araber verwies. Aber seine Warnung blieb ungehört. Noch 1966 erschien in Jerusalem eine Geschichte der Juden im muslimischen Spanien, die laut Cohen »das Goldene Zeitalter bis zur Romantisierung glorifiziert«. Erst mit dem Sechstagekrieg änderte sich die Situation. 1967 druckte der »Near East Report« des America-Israel Public Affairs Committee Cecil Roths Essay erneut ab, im Rahmen allgemeiner Informationen zum »Hintergrund für den arabisch-israelischen Krieg«, was Anstoß war für eine ganze Reihe von revisionistischen Artikeln zum Thema. Hinzu kamen nun auch genauere Kenntnisse unter den Juden über den arabischen Antisemitismus. Was die Geschichtsschreibung längst aus Interesse an der historischen Wahrheit hätte erbringen müssen, eine Kritik und Korrektur des idyllischen Bildes von Al-Andalus und islamischer Toleranz, wurde nun aus politischen Motiven vorgenommen.

Daß ausgerechnet Maimonides – und noch vor den anderen sephardischen Genies wie Solomon ibn

Gabirol oder Judah Halevi – zum Symbol des Goldenen Zeitalters der Juden in Al-Andalus und der dort praktizierten Toleranz geworden war, zeigt die märchenhafte Unbekümmertheit dieses Bildes gegenüber den historischen Fakten. Als Maimonides 1135 in Córdoba geboren wurde, gab es bereits fast keine christlichen – und bald auch keine jüdischen – Gemeinden mehr in Al-Andalus. Hatte die Zahl der Christen im ersten Jahrhundert der islamischen Eroberungen noch etwa 90 Prozent betragen, war sie nun gegen Null gesunken. Was erklärt diesen gewaltigen Verlust an Gläubigen, der sich deutlich unterscheidet vom Überleben der christlichen Gemeinden in den Ländern östlich des Maghreb?

Darüber gibt es nur mehr oder minder gut begründete Vermutungen, sicher aber scheint mir, daß die bis zu Vertreibungen, Zwangskonversionen und Massakern gehende Politik der Almoraviden und Almohaden gegenüber den Nichtmuslimen dabei eine Rolle gespielt hat. Maimonides selbst wurde in eine Zeit der Verfolgung der Juden durch die Almohaden geboren, und am Ende des Jahrhunderts gab es in Al-Andalus wie im Maghreb keine Synagoge (oder Kirche) und keine offen ihren Glauben bekennenden und praktizierenden Juden (oder Christen) mehr. 1148 wurde Al-Andalus Teil des Almohaden-Reiches, als Maimonides 13 Jahre alt war, und im Verlauf der einsetzenden antijüdischen Verfolgungen scheint die Familie Córdoba verlassen zu haben und »von Ort zu Ort« geflohen zu sein. Während die meisten Juden in den christlichen Ländern im Norden Zuflucht suchten oder in den islamischen des östlichen Mittelmeerraums, blieb die Familie Maimonides bis spätestens 1160 in Spanien, in welchem Jahr die Anwesenheit des Vaters und der beiden Söhne in Fes belegt ist – in der Hauptstadt der Almohaden-Bewegung merkwürdigerweise. Die Gründe dafür sind nicht geklärt.

Lange und mit viel Scharfsinn ist darüber diskutiert worden, ob Maimonides (unter Zwang) konvertierte oder nicht. Auf alle Fälle war die Zwangskonversion damals eine immer präsente Drohung. Anders formuliert: Dreieinhalb Jahrhunderte vor den katholischen Königen zwangen die Almohaden den Juden die Wahl zwischen Konversion, Vertreibung oder Tod auf. »Wir sind fast völlig versunken«, schreibt der Vater aus Fes, »aber wir klammern uns noch an etwas. Wir sind überwältigt von Erniedrigung und Verachtung, umgeben vom Meer der Gefangenschaft, und wir sind in seine Tiefen versunken, und das Wasser reicht uns bis ans Gesicht.«[16] 1165 werden in Fes zahlreiche Juden von einem Inquisitionsgericht hingerichtet, darunter der berühmte Rabbi Judah ha-Cohen, der auf dem Scheiterhaufen endet – es ist unklar, ob sich die Juden geweigert hatten, zum Islam zu konvertieren, oder ob

16   Zitiert nach Rose Lewis, Maimonides and the Muslims. In: Midstream, November 1979. Siehe auch dies., Muslim Glamour and the Spanish Jews. In: Midstream, Februar 1977.

sie nach der Konversion rückfällig geworden waren. Der Familie Maimonides, ebenfalls bedroht, gelingt es mit Hilfe eines muslimischen Freundes zunächst nach Palästina, dann nach Ägypten zu entkommen. Dort fand Maimonides nun Ruhe, schrieb seine berühmten Werke und war für seinen Schutzherrn al-Fadhel, den Wesir Saladins, als Arzt am Hofe tätig.

Daß damit nun endlich der Zustand interreligiöser Harmonie gefunden war, darf – ein vielzitierter Brief von Maimonides belegt dies – bezweifelt werden. In seiner Antwort an die Juden des Jemen anläßlich der dortigen Pogrome heißt es: »Bedenkt, meine Glaubensgenossen, daß Gott uns unserer großen Sündenlast wegen mitten unter dieses Volk, die Araber, geschleudert hat, die uns erbittert verfolgten und verderbliche und diskriminierende Gesetze gegen uns erlassen haben ... Nie hat uns je ein Volk so beschwert, erniedrigt, gedemütigt und gehaßt wie sie ... wir wurden von ihnen in unerträglicher Weise entehrt.« Und im letzten seiner erhalten gebliebenen Briefe schrieb er, daß unter den Arabern zu leben, »Dunkelheit auf die Strahlen der Sonne wirft«. Also, wenn Sie mich fragen: Goldenes Zeitalter ist anders!

Daß die Juden unter den Arabern mehr gelitten hätten als unter jedem anderen Volk, war damals schon (und wäre heute erst recht) eine Übertreibung, die sich aus Maimonides' Unkenntnis der Situation im christlichen Europa erklärt. Aber Maimonides als Symbol des toleranten Goldenen

Zeitalters von Al-Andalus anzuführen, ist absurd angesichts seiner Lebensgeschichte und der historischen Ereignisse jener Zeit. Es wäre jedoch ebenso falsch anzunehmen, daß Maimonides' wirkliches Schicksal typisch war für die gesamte Geschichte des muslimischen Spanien. Die in den Briefen Maimonides' und seines Vaters geäußerte Klage über Demütigung und Verachtung seitens der Muslime ist ein Leitmotiv in den jüdischen Beschreibungen Al-Andalus', selbst noch der erfolgreichsten und mächtigsten Juden, wie etwa Hasdai ibn Shapruts, Wesir des größten der Kalife Córdobas, Abd al-Rahmans III. Daß Juden und (selten) Christen hohe Regierungsstellen einnehmen konnten, Wesire und Vertraute des Herrschers wurden, gilt als schlagender Beweis für das Klima der Toleranz und interreligiösen Harmonie in Al-Andalus. Es wäre jedoch ein anachronistisches Mißverständnis anzunehmen, es handelte sich dabei um Toleranz im modernen Sinne, als ginge es darum, die Gleichheit aller Bürger – ohne Unterschied der Religion etc. – vor dem Gesetz zu verwirklichen. Vor dem *Gesetz* waren die Ungläubigen emphatisch *nicht gleich*!

In Al-Andalus war die malikitische Rechtsschule, die älteste der vier orthodoxen islamischen Rechtsschulen, die allein anerkannte; islamischem Recht zufolge darf kein Ungläubiger Macht oder Befehlsgewalt über einen Muslim ausüben – das war aber unvermeidbar, wenn jene hohe Regierungsstellen innehatten. Ein Herrscher, der Juden oder Christen in solche Positionen berief oder dort auch nur duldete, verhalf nicht dem Recht zur Geltung, er verstieß offen dagegen. Die Ungläubigen verdankten also ihre hohe Stellung einzig der Willkür, der unumschränkten Macht des Herrschers. Das schuf eine hohe Loyalität diesem gegenüber, denn mit seinem Fall ging oft auch der seiner »Hofjuden« einher. Das Interesse des Herrschers an einer solchen prekären, widerrechtlichen Situation (die Ulama, die islamischen Geistlichen, Theologen und Rechtsgelehrten, stellten einen bedeutsamen gesellschaftlichen und politischen Machtfaktor dar) bestand wesentlich auch darin, daß die Ungläubigen nicht in die tribalen und Familienbeziehungen eingebunden waren, die den Herrscher bedrohten.

Herrscher zu sein, war nicht nur im islamischen Mittelalter ein lebensgefährlicher Beruf (es geschah häufig, daß nicht nur andere Große des Reiches mit ihren Familien und Stämmen um diese Position konkurrierten, sondern auch Brüder, Söhne und andere Verwandte des Herrschers, und sie alle schreckten vor Mord nicht zurück, wenn es ihnen ernst war). Ein Jude oder Christ aber konnte, so hoch er auch gestiegen war und wieviel Macht er auch auf sich versammelt hatte, unmöglich erhoffen, selbst Herrscher zu werden – im Gegenteil, er mußte das Ende des Herrschers fürchten, denn dann konnte es geschehen, daß ihn nichts und niemand mehr vor dem Groll und Ressentiment seiner ehemaligen Untergebenen, der Ulama und des Volkes schützte.

Was immer die Herrscher Al-Andalus' über die Nichtmuslime, deren Tolerierung und Rechte gedacht haben mögen, als Herrscher konnten sie an deren politischer Karriere nur interessiert sein, soweit diese durch ihre überragende Kompetenz ihrer Regierung nützlich waren und ihre Herrschaft sichern halfen.

Die Moral dieser Geschichte vom Bild Al-Andalus' in der Geschichte hat der weise Bernard Lewis vor einem Vierteljahrhundert formuliert: »Es ist vollkommen natürlich und normal, daß die von einem Historiker an die Vergangenheit gestellten Fragen ihm von den Ereignissen seiner eigenen Zeit eingegeben werden, und es läßt sich viel lernen, wenn eine solche Fragestellung verfolgt wird. Unzulässig ist es jedoch, wenn die Belange der eigenen Zeit nicht nur die Fragen, sondern auch die Antworten eingeben.«

Islam und Toleranz

Duldung, Ausbeutung, Demütigung

NACH den Massakern des 11. September 2001 beeilten sich führende westliche Staatsmänner, ihren verschreckten Bürgern zu versichern, daß die Terrorakte nichts mit dem Islam zu tun hätten – der Islam sei vielmehr eine tolerante, friedliebende Religion. Die »bewundernswerte Toleranz« des Islam[1], daß Islam und Toleranz gleichsam eins seien, war den Bürgern freilich schon jahrzehntelang gegen das von der Wirklichkeit gebotene solide Beweismaterial eingebleut worden: Wie ein Planet seiner Bahn, so folgt der Islam dem ihm immanenten Gesetz der Toleranz, und nur von außen kommende Faktoren (der Wahnsinn eines Herrschers oder alte und neue Kreuzfahrer etwa) vermögen ihn zeitweilig davon abzubringen – Aberrationen, nach denen er unvermeidlich wieder der gewohnten Bahn folgt. Es scheint mir aus aktuellem Anlaß sinnvoll, diese Beteuerungen einer »dogmatischen Islamophilie«[2] auf ihren Wahrheitsgehalt hin zu prüfen, denn – wie

---

1 Carole Hillenbrand, The Crusades. Islamic Perspectives, New York 2000. Von gelegentlichen konditionierten Reflexen abgesehen, ist dies ein sehr empfehlenswertes Buch.
2 Karl Binswanger, Untersuchungen zum Status der Nichtmuslime im Osmanischen Reich des 16. Jahrhunderts, München 1977.

der 11. September gezeigt hat – Illusionen zu hegen, kann nachteilige Folgen haben. Es ist jedoch auch nicht meine Absicht, gegen solides Beweismaterial zu behaupten, daß der Islam nie anders als intolerant war oder sein kann, sondern daß er wie alle nicht vom Gewaltmonopol eines säkularen Rechtsstaats gebändigten Religionen zu allem fähig ist.

Das (Selbst-)Lob islamischer Toleranz ist reaktiv und außengerichtet – es steht nicht am Anfang der Religion noch im Zentrum ihres Selbstverständnisses, sondern bringt ab dem 19. Jahrhundert und unter dem wachsenden Einfluß und Druck der westlichen Großmächte die Anerkennung und Hochschätzung des neuzeitlichen Toleranzgedankens zum Ausdruck (wie er dann in die Gesetzgebung der meisten islamischen Staaten im 19. und 20. Jahrhundert zur rechtlichen Gleichstellung der Ungläubigen inkorporiert wurde – gegen erbitterten und teilweise gewaltsamen Widerstand vieler Muslime und in den meisten Ländern weitgehend folgenlos). Daß der Islam tolerant sei, an sich und immer schon, toleranter als das intolerante Christentum, ist eine Verteidigungsstrategie: Apologetik qua Überbietung des Gegners im Guten, Umkehrung des Spießes im Schlechten.

Nun war das neuzeitliche Konzept der Toleranz vor dem 18./19. Jahrhundert dem Islam ebenso unbekannt wie anderen Religionen, auch wenn es zuweilen von Theologen, Philosophen und Dichtern vielleicht gedacht und formuliert worden ist – ohne bleibende Folgen und praktische Konsequenzen. Dieses Konzept beruht auf dem *Recht* des Individuums, das diesem aufgrund seines Menschseins zukommt, frei zu sein im Denken und Glauben (einschließlich der Ausübung dieses Glaubens); die *gemeinsame* Menschlichkeit ist die Basis für die Tolerierung *differierender* Realisierungen und Ausformungen dieser Menschlichkeit. Nicht so im Islam (oder anderen vormodernen Zivilisationen). Da der Islam als Religion – wie sie mehrheitlich gelehrt und gelebt wird – den Schritt zur neuzeitlichen Toleranz nie gegangen ist (auch wenn Millionen von individuellen Muslimen dieser zustimmen und diesen Schritt erhoffen mögen), wäre es unsinnig, die Toleranz des Islam in diesem Sinne zu verstehen. Adel Khoury äußerte 1980 die Hoffnung, daß der zeitgenössische Islam eine Gesellschaftsordnung herstellen werde, »in der alle Bürger vor dem Gesetz grundsätzlich gleichgestellt und im praktischen Leben gleichberechtigt sind, in der über eine geschenkte Toleranz hinaus die unverzichtbaren Menschenrechte für alle vorbehaltlos anerkannt werden«.[3] Lasset uns (weiter) hoffen!

Das Kronjuwel in der Schatzkammer islamischer Toleranz ist die Institution der Schutzbefohlenen (*dhimma*). Sie beruht auf Koranversen (»Kämpfet wider jene von denen, welchen die Schrift gegeben ward [das meint vor allem die Christen und die

---

3 Adel Khoury, Toleranz im Islam, Mainz 1980.

Juden], die nicht glauben an Allah und an den Jüngsten Tag und nicht verwehren, was Allah und Sein Gesandter verwehrt haben, und nicht bekennen das Bekenntnis der Wahrheit, bis sie den Tribut aus der Hand gedemütigt entrichten«, Sure 9,29), auf Prophetenworten und -taten (*hadith*) und weiteren der über Jahrhunderte sich entwickelt habenden religiösen Rechtsbestimmungen, die Teil dessen sind, was der rechtgläubige Muslim zu tun und zu lassen hat. Die Institution der Dhimma wird als Vertrag interpretiert, der den unterworfenen Andersgläubigen Leben, Eigentum (einschließlich des Rechts, Handel und Gewerbe zu betreiben) sowie die Ausübung ihrer Religion und Selbstverwaltung gewährt gegen die Zahlung spezieller Kopf- und Landsteuern und weiterer Leistungen sowie der Loyalität gegenüber dem islamischen Staat. Das ist nicht wenig. Aber es ist weder spezifisch islamisch noch neu – noch besonders tolerant. Und es ist kein Vertrag.

Auch juristischen Laien ist bekannt, daß ein unter Gewaltandrohung zustande gekommener Vertrag null und nichtig ist – es ist kein Vertrag, sondern »ein Angebot, das man nicht ablehnen kann«, wie Don Corleone es formuliert hätte. Daß Gewaltandrohung zugrunde liegt, ergibt sich schon daraus, daß der sogenannte Vertrag das Leben gewährt, das bei Nichteingehen auf das Vertragsangebot verloren ist: Laut Fattal erwirbt der Ungläubige qua Dhimma das Recht auf Leben, das er vorher nicht hatte, denn die Personen und Güter des außerislamischen Kriegsgebiets (*dar al-harb*) sind der Gnade der Muslime anheimgegeben.[4] Schon Ranke sah, daß sich die Ungläubigen durch ihre Tributzahlungen »das Recht da zu sein erkauften«. Was der Dhimma-Pakt schützt, ist zuerst einmal das Leben der Ungläubigen, und zwar vor den Muslimen selbst – unter anderem gegen die Zahlung von Schutzgeldern. »Schutzgelderpressung« wäre insofern eine polemische, dem Sachverhalt aber angemessenere Bezeichnung als »Vertrag«.

Daß Gewalt drohte, daran besteht kein Zweifel: »Die Invasion des Nahen Ostens bedeutete keineswegs eine freudige, befreiende Erfahrung, sondern ging mit einem hohen Maß an Tod und Zerstörung einher. Die Bewohner derjenigen Städte, die im Sturm genommen worden waren, wurden entweder getötet oder in die Gefangenschaft verschleppt und verloren ihr Eigentum.«[5] Ein anderer Autor schreibt: »Die arabischen Eroberungen ... waren begleitet von enormen Zerstörungen. Mehr noch als die christlichen Quellen beschreiben die muslimischen Chroniken die Plünderung und Einäscherung ganzer Städte und zahlloser Dörfer und die an

---

4 Antoine Fattal, Le statut légal des non-musulmans en pays d'Islam, Beirut 1958. Im Islam gibt es vier Klassen von Feinden: Bandit, Rebell, Apostat, Ungläubiger. Der nicht unterworfene Ungläubige ist per definitionem ein Feind und gehört zum *dar al-harb*. Vgl. Bernard Lewis, The Political Language of Islam, Chicago 1988.

5 Norman A. Stillman, The Jews of Arab Lands, Philadelphia 1979.

der Bevölkerung begangenen Massaker, ihre Versklavung und Deportation.«[6] Bei Albrecht Noth liest sich das so: »Nun hat natürlich die Vertragsbereitschaft der muslimischen Eroberer nicht ausgeschlossen, daß es im Verlauf der *futuh* (Eroberungen) auch immer wieder zu Kämpfen mit der jeweils einheimischen Bevölkerung gekommen ist. Die Muslime hatten ihre militärische Stärke, sei es in Gefechten, sei es bei der Belagerung von festen Plätzen, des öfteren erst einmal zu demonstrieren, bevor ihre nichtmuslimischen Kontrahenten zu der Überzeugung kamen, daß eine vertragliche Einigung mit den Muslimen für sie die vorteilhafteste Lösung sei.«[7]

An solchen Demonstrationen hatte es schon der Prophet bei zahlreichen Razzien, Belagerungen, Eroberungen und Vertreibungen (einschließlich der

---

6 Bat Ye'or, Juifs et Chrétiens sous l'Islam. Les dhimmis face au défi intégriste, Paris 1994. Siehe auch ders., The Dhimmi (1985) und The Decline of Eastern Christianity under Islam (1996). Die Werke dieser Autorin stellen die umfangreichste kritische Darstellung und Dokumentation des Lebens der »Schutzbefohlenen« unter dem Islam dar. Sie liegen in französischer und englischer Sprache vor. Daß sie in den weitgehend islamophil ausgerichteten deutschen Verlagen keinen Platz gefunden haben, verwundert nicht.

7 In: Ulrich Haarmann (Hrsg.), Geschichte der arabischen Welt, München 1991. Dagegen heißt es bei Hamilton Alexander Roskeen Gibb/Howard Bowen, Islamic Society and the West, London 1957: »Aber der Dhimmi-Status war nicht von der Art, daß eine Gemeinde sich auf Dauer damit abfinden konnte. Er konnte bestenfalls erduldet werden, denn er war durch *force majeure* aufgezwungen worden.«

Folter) nicht fehlen lassen, am eindringlichsten im Jahre 627 bei der Massakrierung der Juden vom Stamme Banu Qurayza. Sir W. Muir schreibt in »The Life of Muhammad«: »In der Nacht wurden quer über den Marktplatz der Stadt Gräben ausgehoben, groß genug, um die Leichen der Männer aufzunehmen. Am Morgen befahl Mohammed, der selber zu den Zuschauern der Tragödie gehörte, daß die männlichen Gefangenen in Gruppen von jeweils fünf oder sechs herbeigeführt werden sollten. Jede Gruppe hieß man dann in einer Reihe am Rande des Grabens niedersitzen, der bestimmt war, ihr Grab zu werden; dort wurden sie enthauptet und die Leichen hinabgestoßen ... Die Schlächterei, die am Morgen begonnen hatte, dauerte den ganzen Tag und wurde bei Fackelschein bis in den Abend hinein fortgesetzt. Nachdem er so den Marktplatz mit dem Blut von sieben- oder achthundert Opfern getränkt und den Befehl erteilt hatte, die Erde über den Leichen zu glätten, ließ Mohammed das furchtbare Schauspiel hinter sich, um bei den Reizen Rihanas Trost zu finden, deren Ehemann und männliche Verwandten alle gerade in dem Massaker umgekommen waren.«[8] Die anderen Frauen und die Kinder wurden in die Sklaverei verkauft.

---

8 Zitiert nach Ibn Warraq, Why I Am Not a Muslim, Amherst, 1995. Diese Islamkritik (in der Nachfolge von Bertrand Russels »Why I Am Not a Christian«) eines umfassend gebildeten, wohlinformierten und scharfsinnigen Autors ist unbedingt empfehlenswert.

Die Dhimma-Institution ist keine spezifisch islamische Erfindung, sondern eine Variante zahlreicher vorgegebener Modelle imperialer Einbindung von religiös und kulturell heterogenen minoritären oder majoritären Bevölkerungsgruppen, auf deren Wirtschaftskraft, Steuergelder und Erfahrung man nicht verzichten wollte und die deshalb vor der Tötung, Ausweisung oder Zwangsassimilation und -konversion bewahrt wurden. So sprechen Gibb und Bowen von der »universellen Praxis der römischen und mittelalterlichen Imperien, den unterworfenen Gemeinden die Bewahrung ihrer Gesetze und deren Anwendung innerhalb dieser Gemeinden zu gewähren ... Unter den sassanidischen Königen des präislamischen Persien wurde der Katholikos der nestorianischen Kirche in aller Form in das höchste Amt aller Christen des Reiches eingesetzt«, und das wurde unter den Kalifen fortgesetzt. »Auch im byzantinischen Reich waren die Armenier Konstantinopels analog organisiert, ebenso die Juden.« Die Dhimma-Institution also, »obwohl sie in Einzelheiten von muslimischen Einstellungen beeinflußt ist, kann allgemein durchaus als ein vorgegebenes Muster reproduzierend betrachtet werden«. Zum Status der von den christlichen Königen der iberischen Halbinsel unterworfenen Muslime, den Mudejars, heißt es bei Robert I. Burns: »Der Status der Mudejars wird heute gemeinhin den Dhimma-Bestimmungen für die Ungläubigen unterm Islam gleichgesetzt, als eine simple Adaption; das präislamische sassanidische Modell der Dhimma-Institution verweist eher auf einen zeitlosen Impuls mediterraner Imperien, der auch dem frühen Westen keineswegs fremd ist, wie die dortigen jüdischen Gemeinden und Garnisonen arianischer Barbaren zeigen.«[9]

Ein Vergleich des christlichen Europa mit den islamischen Staaten in diesem Zusammenhang zeigt keineswegs eine Opposition intolerant/tolerant, vielmehr eine weitgehende Übereinstimmung. Burns: »Sowohl in der islamischen wie in der europäischen Welt stellte die formelle Eingliederung ganzer einheimischer, aber fremdartiger Gemeinden, die sich auf Dauer mit ihren eigenen soziopolitischen und rechtlichen Strukturen innerhalb der größeren oder dominierenden Gesellschaft aufhielten, eine wichtige Form der Interaktion dar. Christliche und jüdische Mini-Gesellschaften lebten so an ihren jeweiligen Heimatorten innerhalb der islamischen Gesellschaft, während muslimische und jüdische Mini-Gesellschaften innerhalb der christlichen Gesellschaft lebten.« W. Montgomery Watt formuliert das so: »Die Muslime, die nach dem Wechsel der Herrschaft in ihrer früheren Heimat blieben, werden Mudejars (spanisch *mudéjares*) genannt ... Ihre Stellung war der der geschützten Minderheiten in den islamischen Staaten ähnlich. Sie übten ihre

---

9 In: James M. Powell (Hrsg.), Muslims under Latin Rule, 1100–1300, Princeton 1990.

eigene Religion aus, folgten ihren Gesetzen und Gebräuchen und konnten ihr Handwerk und ihren Handel weiter betreiben. Jede örtliche Gemeinde wurde von einem muslimischen Ältesten geleitet, der vom König ernannt worden war. Als Gegenleistung für ihre Rechte zahlten sie eine Kopfsteuer oder Tribut. Sie bildeten verschiedene Gemeinden, die manchmal gezwungen wurden, sich durch ihre Kleidung von den anderen zu unterscheiden, und bewohnten spezielle Viertel in den größeren Städten.«[10] Auch letzteres entsprach der Situation vieler Dhimmi unter islamischer Herrschaft.

Die Situation der Muslime und Juden in den Kreuzfahrerstaaten glich der auf der iberischen Halbinsel. »Mit der Eroberung der Levante und dem Problem, eine aus heterogenen Gruppen zusammengesetzte Bevölkerung zu regieren, übernahmen die Kreuzfahrer das bestehende (Dhimma-) System und adaptierten es ihren eigenen Bedürfnissen und ihrer Weltsicht gemäß. Sie bewahrten auch – mit einigen Modifikationen – das System gesellschaftlicher und wirtschaftlicher Abhängigkeit, das ihren materiellen Bedürfnissen und ihrem Gesellschaftsbild entsprach. Die Franken waren nicht daran interessiert, die örtlichen Gruppen und Institutionen auseinanderzureißen, sie waren vielmehr zufrieden damit, sie als Basis ihres eigenen

10 W. Montgomery Watt, A History of Islamic Spain, Edinburg 1965.

feudalen Überbaus zu erhalten ... Ein allen Minoritätsgruppen gemeinsames Charakteristikum war ihre autonome Organisation als religiöse Gemeinden.« (Joshua Prawer)[11]

Neben den religiösen Geboten lag dem Dhimma-Status – ebenso wie dem der nichtchristlichen Minderheiten in Spanien, Sizilien und den Kreuzfahrerstaaten – das Prinzip der *utilitas* zugrunde. Die Existenz der Ungläubigen im Land des Islam, heißt es bei Bernard Lewis, erklärt sich dadurch, daß »sie unterschiedlichen nützlichen Zwecken dienten, vor allem ökonomischen«.[12] Umar, der zweite Kalif, legte den Gläubigen den Schutz der Dhimma ans Herz, einerseits weil der Prophet es so gewollt habe, andererseits weil »sie für den Lebensunterhalt eurer Familien sorgen«, berichtet Fattal. »Die Existenz von Ungläubigen ist eine nahezu notwendige Bedingung für einen ausgeglichenen Haushalt auf dem Gebiet des Islam«, zitiert Dufourcq den Historiker Georges Marcais.[13] Mit erfrischender Offenheit beantwortete einer der Gefährten des Propheten die

11 In: Kenneth M. Setton (Hrsg.), A History of the Crusades, Bd. 5, Madison 1989. Siehe auch Joshua Prawer, The Latin Kingdom of Jerusalem. European Colonialism in the Middle Ages, London 1972. Zu Sizilien siehe Hubert Houben: Die Tolerierung Andersgläubiger im normannisch-staufischen Süditalien. In: Odilo Engels/Peter Schreiner (Hrsg.), Die Begegnung des Westens mit dem Osten, Sigmaringen 1993.

12 Bernard Lewis, The Jews of Islam, Princeton 1984.

13 Charles-Emmanuel Dufourcq, La vie quotidienne dans l'Europe médiévale sous domination arabe, Paris 1978.

Frage, was die Muslime den Tributpflichtigen denn verdankten, mit folgender Auskunft: »Sie helfen dir, deiner Armut zu entkommen, um dich mit dem Reichtum zu versorgen, über den du verfügst.« Was Prawer über die Kreuzfahrerstaaten sagt, ließe sich Wort für Wort auf die islamischen übertragen: Aus der äußerst geringen Zahl der Eroberer im Verhältnis zu den Eroberten und dem entschiedenen Unwillen ersterer, einer produktiven Tätigkeit nachzugehen, ergab sich »ein deutliches Grundmuster der Koexistenz: Die Kreuzfahrer hatten niemals beabsichtigt, Produzenten von Grundnahrungsmitteln oder irgendeiner anderen Form von Reichtum zu sein, da sie sich als Herrscher sahen, die die Einheimischen ökonomisch ausbeuteten. Diesen wurde durch politischen und militärischen Druck die Rolle von Lieferanten zugewiesen. Die neue Gesellschaft bestand so von Anfang an aus Eroberern und Eroberten, Ausbeutern und Ausgebeuteten.«

Um die tributzahlenden Gemeinden in ihrem fruchtbringenden Zustand der Andersgläubigkeit zu erhalten, wurden zeitweilig Konversionen zum Islam untersagt. Zur Vermeidung des damit gegebenen Konflikts mit den religiösen Autoritäten, verfiel man in manchen Gebieten auf die Lösung, die Neukonvertiten weiterhin die bisherigen Abgaben leisten zu lassen, was wiederholt zu Protesten und Aufständen führte. Auch in den Kreuzfahrerstaaten war man an Bekehrungen zum Christentum nicht interessiert. Abgesandte Roms äußerten sich verwundert bis empört darüber, daß die seßhaft gewordenen Kreuzfahrer eine Missionierung ihrer muslimischen Schutzbefohlenen nicht nur nicht unterstützten, sondern sogar oft aktiv behinderten oder untersagten.

Daß das uralte und weitverbreitete Modell der Schutzbefohlenen in erster Linie auf ökonomisch-politischen Nützlichkeitserwägungen (»Sachzwängen«) beruht, nicht auf einem mediterranen Genius loci, wie Powell meint, zeigt das Beispiel der Hunnen, die ebenfalls eine Variante dieses Modells entwickelt hatten – übrigens ohne daß daraus auf eine besondere Toleranz der Hunnen geschlossen wurde: »Nicht alle Opfer der hunnischen Eroberungen aber wurden vollständig assimiliert. Die hunnische Militärelite war auf eine gehorsame Bevölkerung angewiesen, die sie mit Nahrungsmitteln versorgte und in ihrer Armee diente. Völker wie die Goten konnten diese Funktion erfüllen. Hätten die Hunnen sie vollständig assimiliert, wären sie ihnen weniger nützlich gewesen. Daher übertrugen sie die Verantwortung für ihre Opfer offenbar einheimischen Häuptlingen, auch wenn sie die zentralen politischen Einrichtungen der von ihnen besiegten Völker weitgehend zerschlugen ... Diese Anführer schworen den Siegern, die sie als Individuen und als Gruppe am Leben ließen, im Gegenzug den Treueid, und daraufhin konnten die Hunnen diese gehorsamen Elemente als integrierte Einheiten ihrer Konföderation zum Militärdienst heranziehen und

127

sich von ihnen auch die Nahrungsmittel liefern lassen, die sie selbst nicht produzierten.«[14] Die Gans, die goldene Eier legt, hütet man in Orient wie Okzident und schlachtet sie nicht. Aber, wie Binswanger anmerkt, daß man die Gans, die goldene Eier legt, hütet und nicht schlachtet, wird man nicht als Toleranz gegenüber der Gans ausgeben wollen.

Besteht die Basis für den Erhalt und Schutz der Andersgläubigen in ihrer Utilitas, ergibt sich freilich als radikale Konsequenz dieses Prinzips, daß mit dem Erlöschen ihrer Nützlichkeit auch ihr Status in Frage gestellt ist. Diese Position wurde neben anderen von Ibn Taimiyya (1263–1328) vertreten, dem Champion der heutigen Islamisten (»der unvermeidliche Ibn Taimiyya«, seufzt Gilles Kepel), der laut Fattal lehrte, »daß den Dhimmis ihr Status nur in dem Maße zugute kommt, wie die Muslime ihrer Dienste bedürfen. Soweit dieses Bedürfnis sich nicht länger geltend macht, kann der Imam die Dhimmis des Landes verweisen, dem Beispiel des Propheten folgend, der die Juden von Haibar des Landes verwiesen hatte. Das Dhimma-Statut wird hier als ein regelrechtes Ausbeutungsprotektorat aufgefaßt, das aufgehoben ist, sobald es sich nicht mehr rentiert.« Ibn Taimiyyas Auffassung wird – vielleicht muß man sagen: wurde – von der Mehrheit der islamischen Theologen und Rechtsgelehrten nicht geteilt,

---

14 Patrick J. Geary, Europäische Völker im frühen Mittelalter, Frankfurt am Main 2002.

aber sie schärft den Blick für die Insuffizienz einer auf Utilitas beruhenden Duldungspolitik. Das zeigt deutlich das Schicksal der Juden im osmanischen Reich.

Die Aufnahme der seit 1492 von der iberischen Halbinsel vertriebenen Juden durch den Sultan Bayezid II. ist wohl das am häufigsten angeführte Beispiel islamischer Toleranz (und christlicher Intoleranz). Um das damit einhergehende Schwarzweißbild ein wenig zu korrigieren – es ist ja auffällig, daß die habituellen Schwarzweißbild- und Komplexitätsreduzierungskritiker im Fall der Konfrontation von Christentum und Islam den Mund nicht aufkriegen –, sei daran erinnert, daß keineswegs alle vertriebenen Juden der Einladung ins osmanische Reich folgten: Einige gingen in christliche Länder Europas, Italien vor allem, und dort vor allem in den Kirchenstaat, oder siedelten sich im Languedoc an, andere zogen in die portugiesischen Küstenstädte Nordafrikas (für die der Ausweisungsbefehl nicht galt), wo sie an deren Verteidigung gegen die Angriffe der Muslime teilnahmen. Obwohl neben Spanien und Portugal auch England, Frankreich und deutsche Länder – um nur die wichtigsten zu nennen – die Juden für Jahrhunderte des Landes verwiesen, gab es doch immer andere europäische Länder, die sie aufnahmen, von Polen und Litauen über Savoyen bis zur mächtigen Republik Venedig, später die protestantischen Länder, und aus demselben Grund wie der Sultan.

Gegen Ende des Mittelalters – die Vertreibung der Juden aus Spanien und Portugal fiel in diese Zeit – begann die Zahl der Juden unter dem Islam geringer zu werden, sowohl relativ zur Gesamtbevölkerung wie absolut; zugleich sank der Anteil der Juden unter dem Islam an der Gesamtzahl der Juden weltweit, während die Zahl der Juden unter dem Christentum zunahm, bis diese schließlich die – auch kulturell – dominierende Mehrheit stellten. Seit dem späten Mittelalter, schreibt Bernard Lewis in »The Jews of Islam«, »rückte der Schwerpunkt der jüdischen Welt von Osten nach Westen, von Asien nach Europa, vom Islam zum Christentum«. Daraus kann nicht unmittelbar auf eine größere Toleranz im christlichen Europa geschlossen werden – aber als ein Beleg für islamische Toleranz taugte es wohl auch nicht so recht.

Die Juden sind 1492 und in den folgenden Jahren nicht zum erstenmal von der iberischen Halbinsel vertrieben worden: Der Terror der Almohadenherrschaft (1130–1212) machte mit Zwangsvertreibungen und -konversionen, Verfolgungen und Massakern Al-Andalus (und das von ihnen beherrschte Nordafrika) weitgehend juden- und christenrein. (1159 verschwanden die letzten christlichen Gemeinden Nordafrikas unter den Verfolgungen Abd al-Mu'mins. 1126 schon hatten die Almoraviden Christen nach Marokko deportieren lassen.) 1033 waren in Fes etwa 6.000 Juden einem antijüdischen Massaker zum Opfer gefallen, 1066 waren es etwa 4.000 in

Granada. 1232 kam es zu einem Judenmassaker in Marrakesch. 1465 lebten in Fez wieder genug Juden, um sie in einem Massaker, das sich auf das gesamte Land ausbreitete, fast vollständig auslöschen zu können. Das letzte große Judenpogrom in Nordafrika fand im November 1945 in Tripoli und den umliegenden Gemeinden unter den Augen der britischen Besatzer statt: Insgesamt 135 Juden wurden totgeschlagen, neun Synagogen verbrannt und 35 Thora-Rollen zerstört. A propos: Nachdem sie in dem Jahrzehnt der Eroberungen schreckliche Verwüstungen und Massaker angerichtet hatten, ließen sich die Kreuzfahrer in den eroberten Ländern nieder, und in den mehr als 200 Jahren ihrer Herrschaft gab es nicht ein einziges Judenpogrom.

Die Juden der iberischen Halbinsel waren dem türkischen Sultan auch deshalb willkommen, weil er so Zwangsumsiedlungen von Juden vermeiden konnte, wie sie schon nach der Eroberung Konstantinopels zur Schaffung einer ökonomisch aktiven und steuerlich ertragreichen Hauptstadt vorgenommen worden waren. Lewis: »Der osmanischen Regierung lag viel daran, jüdische Bevölkerungsgruppen in den neueroberten christlichen Städten anzusiedeln. Die Juden wurden manchmal dazu überredet, manchmal dazu gezwungen.« Und im Gegensatz zu den Christen galten die Juden als politisch verläßlich, da sie keiner Parteinahme für die mit den Türken verfeindeten christlichen Staaten verdächtig waren. Sie »wurden als nützliche und produktive Elemente betrachtet und als ein Instrument imperialer Politik benutzt«. Vor allem das von ihnen mitgebrachte Kapital und ihr technologisches Wissen, ihre sprachlichen, das heißt Übersetzerfähigkeiten und anderes Expertenwissen bildeten die Grundlage einer »Art symbiotischer Beziehung mit den Türken, die der Dienste bedurften, die jene zu leisten vermochten«. In dem Maße aber, wie ihre Fähigkeiten und Dienste obsolet wurden und an Wert verloren, ihre Kontakte zu Europa abbrachen, verschlechterte sich der Status der Juden, verminderte sich die ihnen gewährte Toleranz. Mit dem Versiegen der jüdischen Einwanderung gegen Ende des 16. Jahrhunderts versiegte auch der Zustrom europäischen Wissens, europäischer Technologie: »Die Kenntnisse und Fertigkeiten, die zuvor den Juden und ihren türkischen Herren von Nutzen gewesen waren, veralteten, und die Juden hatten nicht länger irgend etwas Besonderes oder Nützliches anzubieten« und wurden durch Christen ersetzt. Lewis spricht von »der wachsenden Segregation, der schwindenden Toleranz, der verminderten Partizipation, der zunehmenden – materiellen sowohl wie intellektuellen – Armut« der Juden im osmanischen Reich in einem Klima allgemein zunehmender sunnitischer Orthodoxie. Für die Juden in den arabischen Ländern des Reiches stellt Stillman fest: »Das 16. Jahrhundert war ein kurzes strahlendes Zwischenspiel in der langen Abenddämmerung des späten islamischen Mittelalters.« Der Jude hatte seine Schuldigkeit getan, der Jude konnte gehen. Nein, als Beispiel für eine dem Islam innewohnende vortreffliche Toleranz taugt das Schicksal der Juden im osmanischen Reich nicht.

Die Grenzen einer auf dem Utilitas-Prinzip beruhenden Toleranz sollten ihre positiven lebens- und glaubensrettenden Seiten nicht vergessen machen. Es geht mir nicht um einen moralischen Rigorismus, der das Gute nur getrennt vom Nützlichen als Gutes anerkennen will, ist jenes doch sicher dessen zuverlässigster Freund und Helfer, solange beide dasselbe Ziel verfolgen. Aber die Utilitas-Toleranz des Dhimma-Status ist nur die eine Seite der islamischen Toleranz – und nun zu den *bad news*.

Eine auf absolute Wahrheit Anspruch erhebende universale Offenbarungsreligion wie der Islam (oder das Christentum) sieht sich mit dem Problem konfrontiert, wie sie mit den Mitgliedern anderer Religionen verfahren soll, die sich auf ihrem Herrschaftsgebiet befinden. Will sie sich der mit der Uneinsichtigkeit der Andersgläubigen gegebenen frechen Provokation (»Glaub ich nicht!«) und Infragestellung des eigenen absoluten Wahrheitsanspruchs nicht durch Tötung oder Vertreibung entledigen (und dem steht das Utilitas-Prinzip – auch in Form religiöser Gebote und Verbote – entgegen), muß ein Modus gefunden werden, der die überlegene Wahrheit der eigenen mit dem Fortbestehen der anderen Religion(en) verbindet: der Modus ihrer öffentlichen und sinnfälligen, von beiden Seiten wahrnehmbaren Demütigung und Erniedrigung. Da beide Religionen nicht gleichzeitig die absolute göttliche Wahrheit sein können – die moderne Spaltung in den privaten religiösen und den säkularen gesellschaftlich-staatlichen Bereich, die nur im ersteren den Absolutheitsanspruch konzediert und so die gleichberechtigte Koexistenz aller Religionen im letzteren Bereich ermöglicht, ist ja nicht gegeben –, muß die Überlegenheit der einen durch die Unterlegenheit der anderen ihren sinnfälligen Ausdruck finden. Man kann sich das als ein Nullsummenspiel der Anerkennung vorstellen: Religion A kann nur anerkannt und geehrt sein, wenn Religion B erniedrigt und gedemütigt ist – je anerkannter Religion A, desto verächtlicher Religion B; die eigene Religion erhöhen, heißt die andere demütigen. »Der Islam herrscht, er wird nicht beherrscht«, lautet ein überliefertes Wort des Propheten: Es kann nur Erhöhung oder Erniedrigung, Anerkennung/Ehre oder Verachtung/Ehrlosigkeit geben. Die Gleichberechtigung der anderen Religion anzuerkennen, wäre nicht nur ein absurder Widerspruch zum Anspruch der einen absoluten Wahrheit, sie stellte auch eine sträfliche Vernachlässigung religiösen Ernstes und Eifers dar. Die Verachtung und Demütigung der anderen Religion(en) ist somit nicht dem Belieben der einzelnen Gläubigen anheimgestellt und deren Sadismus oder Gutmütigkeit, sondern religiöse Pflicht.

Die Demütigung, um die es geht, ist eine öffentliche »rituelle Demütigung« (Lewis); Stillman spricht von den »äußerst ritualisierten Entwürdigungen«, denen die Juden in den marokkanischen Städten ausgesetzt waren, oder ihrer »institutionalisierten Demütigung« während der letzten 100 Jahre der Mamluken-Herrschaft. Mit anderen Worten: Der Preis für die Duldung durch das Utilitas-Prinzip des Dhimma-Status ist die Demütigung. Das geht schon aus der grundlegenden Koranstelle 9, 29 hervor, wo die Tributzahlung (*jizya*) mit der demütigenden Unterwerfung einhergeht. *Beides* nur ermöglicht und gewährt die Duldung der Existenz. Laut Stillman war diese *jizya* »als ein Symbol der Demütigung der Dhimmi aufgefaßt worden«. »Der gängigen Auffassung zufolge war die *jizya* nicht nur eine Steuer, sondern ein symbolischer Ausdruck der Unterwürfigkeit. Im Koran und der Überlieferung wird oft das Wort *dhull* oder *dhilla* (Demütigung oder Erniedrigung) benutzt, um den Status zu bezeichnen, den Gott denjenigen zugewiesen hat, die nicht bereit sind, Mohammed zu folgen«, stellt Lewis fest. Ein Motiv der Konversion zum Islam unter den Schutzbefohlenen sei die damit gegebene Beendigung der Demütigung gewesen, schreibt Dufourcq, war doch die dominierende Einstellung der Muslime ihnen gegenüber »Verachtung« beziehungsweise »herablassende Verachtung«. Bat Ye'or spricht von einem »Prinzip der Demütigung«; »die dem Dhimmi auferlegte Schande stellt eine religiöse Pflicht dar und bildet einen wesentlichen Bestandteil seines Status als Schutzbefohlener«. In

gewisser Hinsicht sei sogar ein Sklave dem Schutzbefohlenen gegenüber bevorzugt gewesen, insofern
jener »nicht wie der Dhimmi unter einer obligatorischen und permanenten, religiös vorgeschriebe-
nen Erniedrigung zu leiden hatte. Die Verachtung
der menschlichen Person und ihre zu einem theologischen und politischen Prinzip erhobene Infe-
riorisierung stellen einen Hauptaspekt der Kultur
des Dhimmitums dar.« Dem entspricht die Aussage
von Gibb und Bowen: »Das Wesen des Dhimmi-
Status, wie er von der traditionellen islamischen
Philosophie beurteilt wurde, bestand in seiner
Inferiorität.«

Timurtash, der mongolische Gouverneur Anato-
liens, befiehlt im 14. Jahrhundert unterschiedliche
Kopfbedeckungen für Muslime und Ungläubige:
»Es werde den Islam erhöhen und den Ungläubigen erniedrigen.« Einen Zeitzeugen erinnert das
an den dem Sultan Kaykaus I. (1211–1220) erteilten
Ratschlag des berühmten Ibn Arabi, die Glocken
aus den christlichen Kirchen zu entfernen, »um die
Gottlosigkeit zu vertreiben und um den Islam zu
verherrlichen und die Ungläubigen zu erniedrigen«.
Der Historiker Ibn Taghri Birdi schreibt im 15. Jahrhundert, daß nichts verdienstvoller sei in Allahs
Augen, als »die Macht des Islam zu erhöhen und
die der Ungläubigen zu erniedrigen«. Im 17. Jahrhundert erteilt der türkische Sultan Murad IV. den
Befehl, die Dhimmi in ihrer Kleidung zu erniedrigen und zu demütigen; nach göttlicher und mensch-

136

licher Satzung gehöre das zu den allerwichtigsten Angelegenheiten des Glaubens. Als die Almohaden 1162 Granada wieder einnehmen, habe es dort nurmehr eine kleine Gruppe von Juden gegeben, schreibt ein Zeitgenosse, »gewöhnt an Verachtung und Demütigung«. Das Spektakel der öffentlichen rituellen Demütigung bei der Tributzahlung rechtfertigt ein Rechtsgelehrter des 15. Jahrhunderts so: »Vielleicht werden sie schließlich zum Glauben an Gott und Seinen Propheten gelangen und so von diesem schändlichen Joch befreit werden.« Wie Lewis lakonisch anmerkt: »Demütigung gehörte zum Grundmuster.«

Ihren alltäglichen Ausdruck fand dieses Prinzip der institutionalisierten Demütigung in Geboten und Verboten, die alle Formen der Begegnung von Muslimen und Ungläubigen regelten: wie und wann zu grüßen ist (von freundlichen oder tröstenden Worten wird abgeraten), daß der Ungläubige sich auf der Straße in bescheiden-unterwürfiger Haltung fortzubewegen und dem Muslim Platz zu machen hat, daß er nicht auf einem Pferd (einem edlen Tier) reiten darf, sondern allenfalls auf einem Maultier oder Esel und auch das nur im Damensitz, und daß er absteigen muß, wenn er einem Muslim begegnet, daß er diskriminierende Kleidung, Kopfbedeckung, Schuhe (im Extremfall sind ihm diese sogar verboten) oder dem Judenstern entsprechende Abzeichen zu tragen hat, daß er sich mit Steinen bewerfen, am Bart zerren, ins Gesicht

schlagen und prügeln lassen muß, ohne sich wehren zu dürfen; der Waffenbesitz ist ihm ohnehin
untersagt, und einen Muslim zu schlagen, zieht die
Todesstrafe nach sich, daß seine Zeugenaussage vor
Gericht geringeren Wert hat als die eines Muslims
und für den Fall, daß es sich bei dem Angeklagten
um einen Muslim handelt, wertlos ist, daß ein Ungläubiger keine Autorität irgendwelcher Art über
einen Muslim ausüben darf, daß ihm sexuelle Beziehungen zu Musliminnen und eine Heirat mit
ihnen bei Todesstrafe untersagt sind, daß er keine
neuen Gotteshäuser bauen, allenfalls die bestehenden nach – teuer zu bezahlender – Erlaubnis der
Behörden renovieren darf, daß Kreuze auf den Kirchen und Glocken(läuten) in deren Türmen verboten sind ebenso wie lautes Klagen bei Trauer-
zügen und so weiter und so fort – all dies wird in
den Werken Bat Ye'ors, Ibn Warraqs, Binswangers
und anderer hier zitierter und nicht zitierter Autoren
ausführlich beschrieben und belegt.[15] Angesichts

---

15 Diese institutionalisierte Demütigung durch den Islam
ähnelt nicht zufällig den Verhältnissen im südafrikanischen
Apartheidstaat und den amerikanischen Südstaaten vom Ende
des Bürgerkriegs bis in die sechziger Jahre des 20. Jahrhunderts.
Auch dort ging es darum, einer vom Utilitas-Prinzip erzwunge-
nen Kohabitation eine rechtliche und soziale Form zu geben, die
deutlich machte, daß man die verachteten, inferioren Schwarzen
nicht deshalb als Gleiche und Gleichberechtigte ansah, weil man
sie im selben Land, in derselben Stadt leben und die gleiche
Luft atmen ließ. Vergleichbares läßt sich in Nazi-Deutschland im
Verhältnis zu den Juden feststellen: Die rechtliche Situation der
Juden (einschließlich der Nürnberger Gesetze) bis zum Beginn

der dort dokumentierten endlosen Reihe von Demütigungen, Erpressungen, Vertreibungen und Pogromen, denen die Andersgläubigen unter dem Islam ausgesetzt waren (und sind), darf man vielleicht auf eine ebenso detaillierte und präzise Widerlegung der genannten Werke durch jene Islamwissenschaftler hoffen, die unermüdlich den Gebetsruf von der islamischen Toleranz in den Medien und von ihren Lehrstühlen erschallen lassen.

---

der Vernichtungspolitik war »toleranter« als das vollentwickelte Dhimma-Regelwerk; mit einer Ausnahme: Muslimische Männer durften andersgläubige Frauen heiraten, die Nazis verboten jede Form sexueller und ehelicher Beziehungen zwischen »arischen« Deutschen und Juden. Auch die Palästinenser in den besetzten Gebieten müssen das provozierende Verbleiben in ihrem eigenen Land mit der planvollen und systematischen Demütigung durch Israel bezahlen. Ihre Reduzierung zu einer inferioren Helotenschicht dient hier jedoch nicht der Konversion, sondern der Förderung der Emigration.

Kulturelle Grundlagen
wirtschaftlichen Erfolgs

ARME und reiche Länder sind nicht gleichmäßig oder willkürlich über den Erdball verstreut, sondern bilden meist geographische Einheiten: Armes Land grenzt an armes Land, reiches an reiches. So unterschiedlich zum Beispiel die schwarzafrikanischen oder Subsaharastaaten Afrikas auch sein mögen, sie sind doch fast ausnahmslos arm und schlecht regiert.

Afrika ist der ärmste Kontinent, die meisten Länder sind heute ärmer als vor 25 Jahren. Alle Versuche, Afrika von außen zu helfen, waren weitgehend erfolglos: Afrika ist der Kontinent mit der höchsten Entwicklungshilfe pro Kopf der Bevölkerung im Jahr: 31 Dollar gegenüber durchschnittlich 11 Dollar in der gesamten Dritten Welt – insgesamt circa 300 Milliarden Dollar seit der Entkolonialisierung Schwarzafrikas, 580 Milliarden Dollar gar errechnete die südafrikanische Brenthurst Foundation.

Eine weitere wirtschaftlich-geographische Einheit, die zweitärmste, bilden die islamischen Länder von Marokko bis zum Iran, von Pakistan bis Indonesien. Wirtschaftlich reiche Regionen sind die Länder Ostasiens wie Taiwan, Südkorea, Japan und zunehmend Chinas Küstenregionen oder die Länder West- und Mitteleuropas: Deren nordamerikanische und ozeanische Ableger Australien und Neuseeland liegen freilich aus historischen Gründen – Kolonialismus, Emigration – geographisch weit von ihnen entfernt. Eine weitere Einheit bilden die lateinamerikanischen Länder. Man könnte daraus den Schluß ziehen, daß Geographie und Klima über die wirtschaftliche Entwicklung entscheiden. So spricht etwa der französische Wirtschaftswissenschaftler Daniel Cohen 2004 von der »Bedeutung der Geographie«. Durch nichts lasse sich das wirtschaftliche Wachstum eines Landes besser voraussagen als durch die Wachstumsrate seiner unmittelbaren Nachbarn.

Geographie und Klima spielen sicher eine Rolle, entscheidend sind sie aber nicht, und sie sind es um so weniger, je mehr die Wirtschaftätigkeit sich von ihren natürlichen Grundlagen und agrarischen Ursprüngen entfernt. Rußland und Kanada sind unter diesem Aspekt sehr ähnlich – in der wirtschaftlichen Entwicklung unterscheiden sich die beiden erheblich. Singapur oder Malaysia sind beide mit den tropischen Ländern Schwarzafrikas hinsichtlich Klima und geographischer Voraussetzungen vergleichbar, nicht aber in ihrem wirtschaftlichen Entwicklungsstand. Entwickelte reiche Länder finden sich inzwischen in den Tropen wie in den Subtropen, im hohen Norden wie bei den Antipoden: Laut Weltbank beträgt das jährliche Pro-Kopf-Einkommen in US-Dollar in Singapur 24.000, in Japan 37.000, in Island 39.000 und in Australien 27.000. Man vergleiche diese Zahlen mit folgenden: Burundi 90 Dollar, Liberia 110, Äthiopien 110, Kongo 120.

Nun könnte man meinen, daß diese Unterschiede auf einem Mangel an Kapital für Investitionen in Maschinen und moderne Technologie beruhten.

Die folgenden Beispiele sprechen dagegen: Nigeria wie Hongkong erhöhten im Zeitraum 1960 bis 1985 ihre Investitionen in Maschinen etc. pro Arbeiter um über 250 Prozent. Die Produktivität der nigerianischen Arbeiter wuchs dabei um 12 Prozent, die Hongkongs um 328 Prozent; im selben Zeitraum erhöhten Gambia und Japan die genannten Investitionen gar um 500 Prozent – die Produktivität pro Arbeiter wuchs in Japan um 260 Prozent, in Gambia um 2 Prozent. Algerien investierte circa 100 Milliarden Dollar in seine Industrialisierung – eine konkurrenzfähige algerische Industrie gibt es auch heute noch nicht. Die Produktivität der Menschen in unterschiedlichen Regionen der Welt ist offenbar sehr unterschiedlich, und der geographische Ort ist keine ausreichende Erklärung dafür. Die Bevölkerung der islamischen Länder macht zum Beispiel circa 20 Prozent der Weltbevölkerung aus, produziert aber nur einen Anteil von 6 Prozent am Weltprodukt.

Das jährliche Pro-Kopf-Einkommen beträgt im Jahre 2004 im Mittleren Osten und Nordafrika 2.000 Dollar, in Schwarzafrika 600. Im Fall der lateinamerikanischen Länder sind es 3.600 Dollar, in den Euroländern 28.000. Ägypten und Ghana hatten zu Beginn der sechziger Jahre das gleiche Pro-Kopf-Einkommen wie Südkorea und Taiwan; die einen sind arme Entwicklungsländer geblieben, die anderen bedeutende Industrieländer geworden. Die wirtschaftliche Leistung des Nahen Ostens hat wie in Afrika in den letzten 25 Jahren nachgelassen, wenn auch nicht im selben Maße. Extrapoliert man jedoch die Einnahmen aus dem Erdöl, nähern sich die Wirtschaftsdaten dieser Region denen Schwarzafrikas an.

Eine andere Erklärung für diese Ungleichheit bietet das politische System und eine entsprechende Wirtschaftspolitik: Das frühere West- und Ostdeutschland waren sich geographisch-klimatisch sehr ähnlich, wirtschaftlich aber nicht; krasser ist auch heute noch der wirtschaftliche Unterschied zwischen Südkorea und Nordkorea, und der entscheidende Grund ist in beiden Fällen ganz sicher das politisch bedingte Wirtschaftssystem. China entwickelte sich sprunghaft, sobald es zumindest im Bereich der Wirtschaft den Kommunismus teilweise abschaffte. Noch vor etwa zehn Jahren hatten die 36 Millionen Chinesen außerhalb des kommunistischen China mehr Reichtum produziert als die 1,2 Milliarden in der Volksrepublik. Aber offensichtlich garantiert auch die Einführung einer kapitalistischen Marktwirtschaft keine Entwicklung: Die meisten islamischen und afrikanischen Staaten sind – zumindest verfassungsmäßig-rechtlich – kapitalistische Marktwirtschaften. Geholfen hat das wenig. Auch stoßen wir häufig auf das Phänomen, daß verschiedene ethnische oder religiöse Gruppen in einem Lande wirtschaftlich unterschiedlich erfolgreich sind.

Autoritärer bis diktatorischer Regierungsstil und Mangel an Demokratie sind oft für die schlechte wirtschaftliche Situation in Afrika oder den islamischen Ländern verantwortlich gemacht worden. Aber es gibt zahlreiche Länder, die eine erstaunliche wirtschaftliche Entwicklung unter autoritären Regierungen geschafft haben: Südkorea zum Beispiel oder Taiwan, Singapur oder Chile. Und es gibt gute Gründe für die These, daß Demokratie zwar auf erfolgreiche Entwicklungsdiktaturen folgen kann (siehe Südkorea oder Taiwan), Demokratie aber keine notwendige, ja nicht einmal eine günstige Voraussetzung für wirtschaftliche Entwicklung ist, vor allem nicht in ethnisch heterogenen Gesellschaften, und das sind ja die Mehrzahl der Entwicklungsländer. Zweifellos haben die schlechten Regierungen mit ihrer haarsträubenden Korruption, ihrem Nepotismus, der Bereicherung der Eliten durch die Plünderung des Staates und die Erpressung der privaten Wirtschaft sowie der damit einhergehenden Rechtsunsicherheit, mit dem Verfall der Infrastruktur und dem Ausbleiben von Investitionen verheerende Folgen für die wirtschaftliche Entwicklung der betroffenen Länder, und insofern ließe sich sagen, daß *bad governance* eine entscheidende Ursache für ausbleibende Entwicklung und Armut sei.

So wird aber die Frage nach den Ursachen nur verschoben, denn was erklärt die kontinuierlich schlechte Regierung in der Region? Warum wird von den Regierenden fast überall und fast immer wieder eine entwicklungshemmende Politik verfolgt, obwohl deren Mängel doch offensichtlich sind und zum Himmel schreien? Die afrikanischen und islamischen Länder hatten gewiß keinen Mangel an Diktatoren und Tyrannen: Warum ist keiner von ihnen zum Entwicklungsdiktator geworden, warum sind alle Hoffnungen immer wieder enttäuscht worden? (Malaysias autoritärer Mahathir und Indonesiens Diktator Suharto scheinen ein Gegenargument zu bieten, aber die wirtschaftlichen Erfolge dieser beiden Länder sind wesentlich den chinesischen und indischen Einwanderern zuzuschreiben.)

Die Erklärung, die sich aufdrängt, ist der Unterschied der Kulturen. Es gibt anscheinend Kulturen und Kulturkreise, die schlechtere oder günstigere Voraussetzungen für wirtschaftliche Entwicklung und *good governance* bieten. Die eingangs unter wirtschaftlichen Gesichtspunkten skizzierten Einheiten wie »afrikanische« oder »islamische Länder« entsprechen zugleich ungefähr den Grenzen der Weltkulturen. »Kultur« sei hier verstanden als etwas bewußt oder unbewußt Erlerntes, als ein unsystematisches und wandelbares – wenn auch oft erstaunlich langlebiges – Ganzes von Angewohnheiten und Anschauungen, Werten und Abneigungen, Denkweisen und Annahmen über die Welt. Kultur beinhaltet also ein Weltbild, »das bestimmte Arten der Wahrnehmung gestattet (oder begünstigt), andere verhindert (oder erschwert), die Individuen mit spezifischen Eigenschaften ausstattet, während es ihnen andere vorenthält und die Aufmerksamkeit der Menschen auf bestimmte Sachverhalte lenkt und von anderen abzieht« – so der Soziologe und Entwicklungsexperte Uwe Simson.[1]

Deutliche Unterschiede im Wohlstand verschiedener Kulturen findet man nicht nur zwischen den Ländern, sondern häufig auch innerhalb eines Landes: der oft erstaunlich große Unterschied des wirtschaftlichen Erfolgs ethnischer Gruppen, die schon immer oder seit langer Zeit in ein und demselben Land lebten – zum Beispiel die Juden in Deutschland, den USA und zahlreichen anderen Ländern, die Deutschen im zaristischen Rußland oder Osteuropa, die Armenier und Griechen im Osmanischen Reich, die Parsen, Dschainas und Sikhs in Indien, die Ibos in Nigeria, die Basken oder Katalanen in Spanien, die Protestanten in Frankreich usw.

Kaum weniger selten ist das Phänomen von wirtschaftlich unterdurchschnittlich erfolgreichen Gruppen: den Sinti und Roma etwa, oder den Indianern und Schwarzen in den USA, den Sizilianern und Kalabresen in Italien. Bis in die sechziger Jahre hinein waren die aus Frankreich stammenden Bewohner der kanadischen Provinz Quebec wirtschaftlich

---

1 Uwe Simson, Kultur und Entwicklung, Zürich 1998.

weit hinter denen der anderen Provinzen zurück. Zu Beginn des 20. Jahrhunderts war das durchschnittliche Einkommen eines deutschen Juden dreimal so hoch wie das seiner christlichen Mitbürger. Obwohl nur fünf Prozent der Bewohner Berlins damals Juden waren, kamen sie für 31 Prozent der Einkommensteuer der Stadt auf. In den USA sind die Juden heute die Gruppe mit dem höchsten Durchschnittseinkommen, 1969 war es um 80 Prozent höher als das der anderen Amerikaner. Auffällig hier wie dort war und ist die außergewöhnliche Lern- und Bildungsbereitschaft der Juden, was sich in ihrem weit überproportionalen Anteil im sekundären und tertiären Ausbildungsbereich sowie an den Wissenschaftlern vieler Sparten zeigt. Mit weniger als einem Prozent der Weltbevölkerung stellen die Juden 16 Prozent aller Nobelpreisträger.

Wie die Beispiele ahnen lassen, hat das mit Rasse nichts zu tun. Bei den amerikanischen Schwarzen etwa gibt es deutliche Unterschiede zwischen denjenigen, deren Vorfahren im 19. Jahrhundert Sklaven waren oder Freie. Die Kultur der Sklavenhaltergesellschaft wirkte sich in ihrer negativen Einstellung gegenüber Arbeit und Schule auch auf die weiße Bevölkerung der Südstaaten und deren unterdurchschnittliche schulische und wirtschaftliche Leistungen aus.

Fast alle Staaten, die mehrere ethnisch verschiedene Gruppen von Einwanderern aufgenommen haben, kennen das Phänomen des unterschiedlichen wirtschaftlichen Erfolgs dieser Gruppen. Die ungelernten chinesischen Arbeiter auf den Kautschukplantagen des kolonialen Malaysia waren doppelt so produktiv wie die einheimischen Arbeiter und verdienten auch mehr als das Doppelte; 100 Jahre später berichtet die französische Zeitung »Libération« aus Gabun, daß dort chinesische Arbeiter und Ingenieure die großen Bauprojekte der Regierung realisieren. Die etwa 100 chinesischen Arbeiter, die aus China herantransportiert werden und untergebracht werden müssen, was zusätzliche Kosten verursacht, erhalten einen mehr als doppelt so hohen Lohn wie die etwa 50 afrikanischen Arbeiter. Warum? Weil sie dreimal so schnell und außerdem zuverlässiger arbeiten, erklärt eine Chinesin. Eine europäische Architektin vor Ort bestätigt das: »Sie sind superschnell! Wir haben ihnen einmal einen Auftrag erteilt, den sie in weniger als acht Tagen erledigt haben. Unser europäisches Team hätte dafür dreimal so lange gebraucht.«

Die Chinesen gehören zu den wirtschaftlich erfolgreichsten Einwanderern auf der Welt – in Indonesien wie in den USA, in Singapur wie in Jamaika, einzig die indischen, japanischen und koreanischen Einwanderer können da mithalten. Sie haben gewöhnlich ein erheblich höheres Einkommen als die anderen Bevölkerungsteile. In Indonesien, wo sie weniger als fünf Prozent der Bevölkerung stellen, verfügen sie über etwa 70 Prozent des privaten Kapitals und besitzen 150 der 200 größten Unternehmen. In den USA hatten chinesisch-amerikanische Familien bereits 1969 ein zwölf Prozent höheres Einkommen als die amerikanische Durchschnittsfamilie, 1990 war es 60 Prozent höher als das anderer amerikanischer Familien.

In Malaysia ist das chinesische Durchschnittseinkommen doppelt so hoch, in Jamaika dreimal so hoch. Und doch waren die Chinesen als arme und ungelernte, meist analphabetische Arbeiter in diese Länder gekommen. Aber schon die zweite Generation konnte auf der Grundlage der harten Arbeit und Sparsamkeit ihrer Eltern und ihrer eigenen schulischen Leistungen den Status der ungelernten Arbeiter verlassen und dann Händler oder Unternehmer werden und in freie Berufe aufsteigen. 1911 waren noch 50 Prozent aller Chinesen in Malaysia Arbeiter, 20 Jahre später nur noch elf Prozent. In Thailand, Indonesien, Malaysia waren wesentlich sie es, die die wirtschaftliche Entwicklung dieser Länder voranbrachten. Die Thais und Malayen waren kaum mehr als Zuschauer dabei, schreibt Thomas Sowell. Und diese Erfolge wurden gegen die Feindseligkeit und den sich gelegentlich in Pogromen entladenden Haß der Mehrheitsgesellschaft erreicht, gegen staatliche und soziale Diskriminierung!

Am Beispiel der Inder und Japaner läßt sich ebenfalls der positive Einfluß der mitgebrachten Kultur der Einwanderer zeigen, positiv auch für die Wirtschaft der Gastländer. In den USA übertraf

1969 das Familieneinkommen der japanischstämmigen Amerikaner den Landesdurchschnitt um 32 Prozent, 1990 waren es dann 45 Prozent. Damit gingen – wie bei den Chinesen – zunehmende Integration und gesellschaftliche Akzeptanz einher sowie eine wachsende Zahl von Mischehen. 1980 sprachen drei Viertel aller japanischen Amerikaner nur noch Englisch. In Kanada können die japanischen Einwanderer ähnliche Erfolge vorweisen – in beiden Fällen gegen anfangs erhebliche und dann durch den Weltkrieg noch gesteigerte antijapanische Ressentiments.

In Uganda machten die indischen Einwanderer kaum mehr als ein Prozent der Bevölkerung aus, waren aber für 35 bis 50 Prozent der nationalen Produktion verantwortlich. Ihre Vertreibung durch Idi Amin, 1972, war eine ökonomische Katastrophe. In Kenia waren und sind sie von vergleichbarer wirtschaftlicher Bedeutung. In beiden Ländern war ihr Durchschnittseinkommen um ein Mehrfaches höher als das der Afrikaner. Die Inder in Ostafrika waren wirtschaftlich auch erfolgreicher als die dortigen Europäer.

In der letzten seiner zahlreichen Reden zu Lob und Preis der Immigration erklärte der Generalsekretär der Vereinten Nationen, daß die Einwanderer nicht nur sich selbst, sondern auch den Einwanderungsländern genützt hätten – »zumindest in den besten Fällen«. In der Tat. Gibt es doch auch andere Fälle. Die Türken in Deutschland tragen nach Angaben des Zentrums für Türkeistudien 2,2 Prozent zum deutschen Bruttosozialprodukt bei, ihr Anteil an der Bevölkerung beträgt 2,6 Prozent. Das muß nicht heißen, daß sie dem Land nicht nützen – sie tun es nur weniger als andere Einwanderergruppen. Problematisch wird es ökonomisch betrachtet erst dann, wenn eine Einwanderergruppe mehr Kosten verursacht, als sie Nutzen bringt.

Wenn wie in England 61 Prozent der dort lebenden Bangladeschis und 40 Prozent der Pakistanis arbeitslos sind oder nicht am Arbeitsleben teilnehmen, kann man vermuten, daß dies der Fall ist. (Die durchschnittliche Arbeitslosigkeit unter den ethnischen Minoritäten beträgt 41 Prozent.) Mehr als vier Fünftel der Familieneinkommen der dortigen Pakistaner und Bangladeschis sind um mehr als die Hälfte niedriger als der nationale Durchschnitt. Das Einkommen der Inder dagegen liegt noch über dem der weißen Engländer. Übrigens hatten 48 Prozent der Pakistanis und 60 Prozent der Bangladeschis entweder keine Schulbildung oder eine auf dem niedrigsten Schulabschlußniveau. Ein Vergleich mit anderen Einwanderergruppen zeigt, daß die Muslime generell geringere schulische Leistungen aufweisen als andere Gruppen, vor allem die Chinesen und Inder. (Für die EU insgesamt gilt, daß 87 Prozent der Einwanderer eine schlechte oder gar keine Schulausbildung vorweisen können; die »bildungsfernsten« Einwanderer finden sich in Deutschland.)

Die Beschäftigungsquote in Schweden beträgt 74 Prozent. Aber bei den türkischen Immigranten sind es nur 42 Prozent, 31 bei den Libanesen, bei den Irakern 21 und den Somalis zwölf Prozent. Das heißt 58 Prozent der Türken und 88 Prozent der Somalis stehen in keinem vertraglich geregelten Arbeitsverhältnis. Sicherlich nicht die von Kofi Annan beschworenen »besten Fälle«. Der durchschnittliche Pro-Kopf-Beitrag der Immigranten in Dänemark, von denen 80 Prozent aus islamischen Ländern stammen, zu Steuern und Bruttosozialprodukt liegt 41 Prozent unter dem der Dänen.

In den USA finden sich deutliche Unterschiede im wirtschaftlichen Erfolg verschiedener Einwanderergruppen: Setzt man auf der Grundlage der Zahlen von 1970 den US-Durchschnitt mit 100 an, dann ergibt sich für die japanischen Amerikaner 132, die chinesischen Amerikaner 112, für die mexikanischen Amerikaner aber nur 76. 1999 lebten 22,8 Prozent der lateinamerikanischen Immigranten in Armut – gegenüber 7,7 Prozent der weißen Amerikaner. Ob die mexikanischen Immigranten den Staat mehr kosten, als sie ihm an Steuern zukommen lassen, ist umstritten. Lawrence Harrison faßt die Ergebnisse so zusammen: »Das Steueraufkommen der meisten Immigranten deckt nicht die Kosten für die von ihnen in Anspruch genommenen Leistungen, vor allem dann nicht, wenn man den Ausbildungsbereich berücksichtigt.« Der abnehmenden beruflichen Qualifikation der Einwanderer entspreche eine zunehmende Inanspruchnahme des Sozialstaats. Wie im Fall der muslimischen Immigranten in Europa weisen die mexikanischen Einwanderer unterdurchschnittliche Schulbildung und schulische Leistungen auf. »Schule und Universität standen nie im Mittelpunkt der Ziele und Werte der mexikanischen Amerikaner«, heißt es bei Sowell.

Die geringen wirtschaftlichen oder Integrationserfolge mancher Einwanderergruppen werden häufig auf deren Diskriminierung zurückgeführt: auf die Xenophobie, die Vorurteile, den Rassismus der Gastgesellschaft. All das hat es gegeben, gibt es noch und sollte es nicht geben, gegenüber niemandem, woher er auch kommt. Aber eine negative Einstellung der Gastgesellschaft kann keine hinreichende Erklärung für den mangelnden Erfolg sein, weil sie sich im Fall der Erfolgreichen ebenso, ja oft als noch stärker negativ nachweisen läßt. Erfolg und Mißerfolg der Einwanderer hängt weniger davon ab, wie man auf sie im Gastland reagiert, sondern davon, wie sie auf das neue Land reagieren, wie sie dort agieren. Und das hängt wesentlich von ihrer Kultur ab. Rassismus und Diskriminierung bieten also, wie das Beispiel der Chinesen und Japaner und Juden zeigt, keinen überzeugenden Grund für den wirtschaftlichen Mißerfolg von Immigrantengruppen – es sei denn in extremen Fällen staatlichen Zwangs bis hin zur Vertreibung.

Die Geschichte hat in Jahrhunderten weltweiter Migration gleichsam ein Experiment durchgeführt, um den Beweis dafür zu liefern, daß Menschen gleicher Kultur in ganz unterschiedlichen Ländern ähnlich erfolgreich waren und daß Menschen unterschiedlicher Kulturen in demselben Land, unter denselben äußeren Bedingungen und bei gleichen wirtschaftlichen Voraussetzungen nicht gleich reagieren und reüssieren. Was sie mitbrachten, waren nicht das Klima und die geographische Beschaffenheit ihrer Herkunftsländer noch deren Politik und Wirtschaftssystem, sondern ihre Kultur.

Bei einer Podiumsdiskussion Anfang Juni 2006 über Einwanderung und Integration erklärte Innenminister Schäuble, wir müßten uns klarmachen, daß Migration in erster Linie nicht Bedrohung, sondern Bereicherung sei. Das Annansche »Zumindest in den besten Fällen« ließ er aus. Nach dem Zweiten Weltkrieg, fuhr Schäuble fort, habe man ja auch die aus dem Osten geflohenen Neubürger erfolgreich integriert. Es stellt schon eine haarsträubende Naivität dar anzunehmen, daß die aus den Ostgebieten geflohenen oder vertriebenen Deutschen – also Menschen derselben Nation, derselben Sprache, Kultur, Religion mit den gleichen Ausbildungsvoraussetzungen und beruflichen Fähigkeiten – kein geringeres Integrationsproblem darstellten als Menschen, auf die all das nicht zutrifft. »Farbenblindheit« im Umgang mit Menschen im allgemeinen und Immigranten im besonderen ist sicher eine Tugend, »Kulturblindheit« ist es nicht.

Die Mehrzahl der in Deutschland lebenden außereuropäischen Einwanderer sind Muslime, kommen aus der islamischen Welt und teilen einige der für diese Kulturen spezifischen Merkmale. Hinzu kommt, daß die meisten von ihnen nicht der Mittel-, sondern der Unterschicht entstammen, speziell der konservativen ländlichen Unterschicht. An ihrem Beispiel sollen einige der kulturellen Faktoren aufgezeigt werden, die wirtschaftlichen und Integrationserfolg oder Mißerfolg beeinflussen können.[2]

Zu den Schlüsselindikatoren für gelingende Integration gehören Mischehen (das gilt natürlich für die Einwanderer wie für die sie aufnehmende Gesellschaft). Im Fall der Muslime stehen dem nun einige Faktoren entgegen: Zunächst erlaubt der Islam nur den muslimischen Männern, eine nichtmuslimische Partnerin zu heiraten; den Musliminnen ist die Heirat mit einem Nichtmuslim untersagt. Damit ist ein Großteil der Immigranten von dieser Form der Integration ausgeschlossen. Gewiß werden sich nicht alle an dieses Gebot halten, aber nicht nur der religiöse, sondern auch der familiäre Druck weist in diese Richtung. Die konservativen Muslime erwarten, daß die Frau zu Hause bleibt und keiner anderen Arbeit als der Hausarbeit nachgeht. Damit ist die Beschäftigungsquote der Muslime von vorn-

---

2 »Die Schwierigkeiten, die westliche, stark säkularisierte Gesellschaften wie die deutsche mit der Integration von Migranten haben, sind vor allem mit dem Islam respektive mit Menschen, die von ihm geprägt worden sind, verbunden – und umgekehrt. Warum soll man das verschweigen?« Wolfgang Günter Lerch in der FAZ vom 17. Juli 2006.

herein reduziert, auch wenn es viele Ausnahmen gibt. Das bedeutet aber auch ein geringeres Familieneinkommen: Das Familieneinkommen der Chinesen in den USA war unter anderem deshalb so überdurchschnittlich hoch, weil die Frauen meist berufstätig waren. Mit der Begrenzung auf das eigene Heim ist den Frauen zugleich einer der wichtigsten Integrationsorte versperrt: der deutsche Arbeitsplatz. Die Erziehung der Kinder erfolgt traditionellerweise durch die Frau, je geringer die Integration der Frau, desto geringer sind gemeinhin die Integrationschancen der Kinder.

Die Überwachung und Kontrolle der Frauen als Träger der Ehre des Mannes und der Familie, die inferiore Stellung der Frau im Islam und den islamischen Kulturen differieren erheblich von der in Deutschland geltenden Rolle der Frau. Daraus können sich Friktionen ergeben, sowohl was die Geltung deutschen Rechts und den Schulunterricht anbelangt, wie auch Friktionen, was das Verhältnis der Muslime zu den auf Gleichberechtigung pochenden deutschen Frauen anbelangt: am Arbeitsplatz, als Vorgesetzte, in der Freizeit – und was das Verhältnis zu den deutschen Männern anbelangt, die als ehrlos verachtet werden können, weil sie es an der gebotenen Ungleichbehandlung und Kontrolle der Frau fehlen lassen.

Eine vom kulturellen Hintergrund nahegelegte Haltung ist auch die Verachtung der Deutschen als schweinefleischessender und alkoholtrinkender, sexuell haltloser Ungläubiger. Das gilt auch für die Abscheu vor der Unreinheit der Ungläubigen; ein extremes, aber nicht untypisches Beispiel dafür sind die für Muslime und Nichtmuslime getrennten Waschbecken in einer französischen Schule oder die Forderung, getrennte Umkleideräume für muslimische und nichtmuslimische Jungen einzurichten; oder die Weigerung, zur Begrüßung die Hände zu schütteln oder überhaupt zu grüßen oder irgendeinen näheren Umgang mit Ungläubigen zu haben.

Daß Muslime und nichtmuslimische Deutsche gleichberechtigt sein sollen, kollidiert mit einem der Grundprinzipien des Islam: Der Islam herrscht, er wird nicht beherrscht. »Überall dort, wo Muslime leben, beansprucht der Islam unbedingte Geltung für sich«, heißt es bei Bassam Tibi. In den islamischen Ländern war es Tradition, daß die Ungläubigen einzig in der Rolle unterworfener Schutzbefohlener geduldet werden, nicht als Gleiche. Ein Nichtmuslim sollte niemals einem Muslim Befehle erteilen dürfen.

Einen entscheidenden negativen Faktor bei der Integration – und weiterhin im wirtschaftlichen Handeln – bedeutet der Familiarismus der konservativen muslimischen Einwanderer: Das Wohl der Familie und der Nutzen für die Familie sind die obersten Werte, denen sich alle anderen gesellschaftlichen Werte, Gesetze und Regeln unterzuordnen haben. Das fördert Nepotismus, Korruption und generell die Mißachtung der meritokratischen

Prinzipien und der egalitären Gesetze, wie sie die Mehrheitsgesellschaft vertritt.

Die Gesetze und die Polizei des Aufnahmelandes werden nicht als gemeinsamer Schutz aller gesehen, sondern als Eingriffe und Übergriffe von außen. Familiarismus schafft so eine Doppelmoral, isoliert sozial und verhindert das für Integration wie Wirtschaftsaktivitäten wichtige Vertrauen. Wenn Vertrauen nicht über den Rand der Familie oder Sippe hinausreicht, wird Kooperation mit anderen erschwert. Mißtrauen und Verschwörungsdenken dominieren im Verhältnis nach außen. Ökonomisches Handeln ist zu einem wesentlichen Teil Kooperieren mit familienfremden anderen, und je mehr ich diesen Fremden vertraue und vertrauen kann, desto reibungsloser und erfolgreicher wird mein ökonomisches Handeln sein. Kulturen wie die islamischen oder lateinamerikanischen, in denen, aus welchen Gründen auch immer, der Radius des Vertrauens sehr gering ist, sind wirtschaftlich benachteiligt.[3] Zugleich ist der Familiarismus die Primärform des antiindividualistischen Kollektivismus. Individualismus aber ist eines der bestimmenden Prinzipien moderner westlicher Gesellschaften.

Ein weiterer entscheidender kultureller Faktor ist die Lernbereitschaft einer Kultur, ihre Rezeptivi-

---

3 Daten des World Value Survey zufolge lehnen 90 Prozent der irakischen Araber die Nachbarschaft von Fremden ab – bei den Schweden oder Kanadiern sind es fünf Prozent.

tät anderen Kulturen gegenüber. Die traditionelle islamische Gesellschaft versteht sich als die beste aller Gemeinschaften, sie hat von anderen Kulturen nichts mehr zu lernen. Diese kulturelle Arroganz stellt ein wichtiges Integrationshindernis dar und hat auch negative wirtschaftliche Folgen. Zwar haben auch die traditionellen muslimischen Familien oft eine positive Einstellung zu Schule und Lernen, aber dabei geht es um die orthodoxen, approbierten Inhalte, die die eigene Kultur und Religion vermitteln und bestätigen, geht es um den Koran, die Prophetenworte und um islamische Gelehrtheit, um die ruhmreiche arabische oder türkische Geschichte.

Das bietet das deutsche Schulsystem aber nicht, sondern es fördert eigenständiges kritisches Denken, »Hinterfragen«, innovative Kreativität. Die in der deutschen Schule erfolgreichen muslimischen Kinder, Mädchen vor allem, stellen so eher eine Bedrohung der Kohäsion der Familie dar, eine Bedrohung der Autorität und Kontrollmacht des Patriarchen. Der anhaltende schulische Mißerfolg türkischer und arabischer Kinder in Deutschland kann allein durch die Mängel des deutschen Bildungssystems nicht ausreichend erklärt werden: Andere Immigrantengruppen, zum Beispiel die Vietnamesen, sind viel erfolgreicher. Die Armut unter den Immigranten nehme deutlich zu, wird Anfang des Jahres berichtet. »Vor allem Bürger aus der Türkei seien häufig arm ... 23 Prozent der Zuwanderer lebten 2003 in Armut«, der Bundesdurchschnitt lag 2003

bei 13,5 Prozent. Laut Datenreport des Integrations-
beauftragten sind 37,9 Prozent der Ausländer in
Berlin arbeitslos, gegenüber 17,4 Prozent der Deutschen. Fast 15 Prozent der Ausländer über 65 Jahre
beziehen Sozialhilfe, aber nur 1,5 Prozent der Deutschen. 12,2 Prozent der ausländischen Schüler machen Abitur, aber 33,4 Prozent der deutschen.

Man kann das Problem der unterschiedlichen
Eignung von Kulturen für wirtschaftliche Entwicklung und Integration vielleicht dadurch entdramati-
sieren, daß man auf ein analoges Verhältnis verweist:
das der Sprachen zueinander. Auch wenn wir davon
ausgehen, daß alle Sprachen gleichwertig und ihren
Zwecken angemessen sind, ist doch auch wahr, daß
es für das Erlernen einer bestimmten Sprache unterschiedlich günstige Ausgangssprachen gibt: Der
deutsche oder niederländische Muttersprachler hat
es unendlich viel leichter, Englisch zu lernen, als ein
Chinese oder Thailänder, eben weil Chinesisch oder
Thai sich vom Englischen so viel mehr unterscheiden als das Deutsche oder Niederländische. Will
ich also Englisch lernen oder Chinesisch, werde ich
die spezifischen Probleme, die sich dafür aus meiner Muttersprache ergeben, beachten müssen. Analog gibt es Kulturen, die den angestrebten Zielen
wirtschaftliche Entwicklung oder Integration näher
oder ferner stehen, die die Erreichung dieser Ziele
schwieriger machen.

Die These, daß Kultur ein wichtiger Faktor bei
der Integration von Einwanderern ist, bei ihrem

wirtschaftlichen Erfolg oder Mißerfolg und bei der wirtschaftlichen wie politischen Entwicklung der Nationen, scheint ein plausibler und empirisch ausreichend belegter Gedanke zu sein. Wie kommt es, daß der Kulturalismus – so wird diese These von ihren Gegnern genannt – einerseits so lange vernachlässigt wurde und andererseits so polemisch kritisiert wird? Uwe Simson: »Erstaunlich ist jedenfalls, wie lange die auf der Hand liegende Erkenntnis, daß die Verschiedenheit der Kulturen sich auch auf ihre wirtschaftliche ›performance‹ erstreckt, von Ideologen bestritten beziehungsweise außer acht gelassen werden konnte.«

Nach dem Zweiten Weltkrieg dominierten hier zwei Denkweisen: der Kulturrelativismus und die universalistischen Wirtschaftswissenschaften. Die Grundlage für den Kulturrelativismus bildet der Grundsatz: »Alle Kulturen sind von gleichem Wert und erfüllen im großen und ganzen überall dieselben Aufgaben.« Dies war seit dem Zweiten Weltkrieg das dominierende Paradigma, das auch offiziell – zum Beispiel durch die UNESCO – gefördert wurde. Kultur löste Klima und Rasse als Erklärungsmuster für die Unterschiede unter den Völkern ab, aber unter der Bedingung der Gleichwertigkeit aller Kulturen, woraus dann notwendig zu folgen schien, daß alle Kulturen auch allen wichtigen Zielen gleichermaßen gut dienen konnten – also etwa Zielen wie der Abschaffung des Hungers, dem Schutz vor Krankheiten und willkürlicher Gewalt, kurzum:

den in der UNO-Menschenrechtserklärung festge-
haltenen Postulaten.

Die Kulturanthropologie oder Ethnologie wurde
zur Leitwissenschaft dieses Paradigmas, und wie ein
Botaniker keine nützlichen oder schädlichen Pflanzen kennt, so waren auch die Kulturen vor Gott und
den Ethnologen alle gleich: gleichen Werts. Aber
während es der Agrarwissenschaft gestattet war, aus
ihrer Nutzenperspektive heraus Pflanzen als nützlich oder schädlich einzustufen, war es im Bereich
der Kulturen nicht möglich, pragmatisch nach deren größerer oder geringerer Eignung für wirtschaftliche Entwicklung oder Menschenrechte zu fragen.
Zu sehr schien das der kolonialistischen und rassi-
stischen Verachtung fremder Kulturen zu ähneln.
Und wenn alle Kulturen gleichwertig und gleichermaßen funktional sind, ist es unsinnig, in der jeweiligen Kultur eine Erklärung für unterschiedliche
wirtschaftliche Entwicklung zu suchen.

Die Ethnologie vertrat einen Kulturrelativismus,
den man eigentlich besser einen Kulturabsolu-
tismus nennen sollte, da er die Kulturen voneinan-
der isolierte und in ihrem Geltungsanspruch ver-
absolutierte. Wahr und falsch, gut und schlecht,
schön und häßlich, reich und arm, krank und ge-
sund – alles war relativ zur Kultur einer Gesellschaft und nur innerhalb ihrer selbst zu beurteilen,
nicht nach allgemeinen, universalen Maßstäben, die
es für die Kulturrelativisten prinzipiell nicht geben
konnte.

Das Spannungsverhältnis zwischen Kulturrelativismus und allgemeinen, universalen Werten und Rechten war schon früh zutage getreten, etwa in der Opposition gegen die Allgemeine Erklärung der Menschenrechte der Vereinten Nationen 1948 von seiten der Amerikanischen Anthropologischen Gesellschaft, und zwar mit der Begründung, damit zwinge der Westen der übrigen Welt seine Werte auf. Offenbar funktionierten die verschiedenen Kulturen im Hinblick auf die allgemeinen Menschenrechte nicht gleich, sondern verschieden. Dieses Problem aber wurde lange nicht weiter beachtet oder diskutiert, man ging von einer prinzipiellen Vereinbarkeit der relativistischen und der universalistischen Position aus. Bewahrung und Schutz von Kulturen war konsequenterweise das zentrale Anliegen der Kulturrelativisten und Multikulturalisten, nicht Veränderung. Mit der konservierenden Einstellung gegenüber fremden Kulturen ging oft deren romantische Verklärung einher, eine westliche Tradition, die seit etwa 300 Jahren existiert. Westliche Wunschphantasien der von gesellschaftlichen Zwängen freien, nichtmaterialistischen, sinnenfrohen, im Einklang mit der Natur lebenden, glücklichen fremden Kulturen erschwerten zusätzlich eine realistische Einschätzung anderer Kulturen (und der eigenen noch dazu).

Dagegen entstanden dann ab den neunziger Jahren Forschungsprojekte und wissenschaftliche Werke, die Zweifel weckten an der vorausgesetzten funktionalen Gleichheit und Gleichwertigkeit aller Kulturen – offenbar gab es Kulturen, die menschliche Grundbedürfnisse wie Nahrung, Gesundheit, Sicherheit vor willkürlicher Gewalt und Schutz des Eigentums besser befriedigten als andere, gab es *Sick Societies*, kranke Gesellschaften, um den provozierenden Titel des grundlegenden Werks des Ethnologen Robert B. Edgerton zu zitieren. Ein anderer Autor, der Wirtschaftshistoriker David Landes, sprach gar im Hinblick auf wirtschaftliche Entwicklung von »toxischen« Kulturen. Im Unterschied zur Ethnologie und Kulturanthropologie waren in den Sozialwissenschaften kulturalistische Ansätze bewahrt und weiterentwickelt worden. Das lag am langen Schatten Max Webers und seines Hauptwerks, »Die protestantische Ethik und der Geist des Kapitalismus«, das man als die Gründungsurkunde des wissenschaftlichen Kulturalismus betrachten kann.

Das zweite gegen den Kulturalismus wirkende Paradigma waren die modernen Wirtschaftswissenschaften. Dort hatten sich in den sechziger Jahren die sogenannten Formalisten durchgesetzt: Die Methoden der Wirtschaftswissenschaften sind ihnen zufolge kulturell neutral und universell gültig. Zugrunde liegt das auf alle Menschen zutreffende Modell des Homo oeconomicus (beziehungsweise der Rational Choice Theory), der nutzenmaximierend und kostenminimierend auf die gleichen wirtschaftlichen Anreize überall wesentlich gleich reagiert.

So schreibt der Wirtschaftswissenschaftler William Easterly in seiner Kritik des Kulturalisten Lawrence E. Harrison, es spreche doch sehr viel für die Ansicht, »daß die Menschen überall gleich sind und auf die richtigen ökonomischen Gelegenheiten und Anreize reagieren werden«. Die Ökonomen bestritten nicht, daß der Mensch mehr ist als nur Homo oeconomicus, aber das spielte für die Wirtschaft keine Rolle. Wirtschaftliche Fragen waren mit dem Instrumentarium der Wirtschaftswissenschaften lösbar – wie denn sonst?

Die These vom Einfluß der Kultur auf das wirtschaftliche Handeln ist für diese Ökonomen zu wenig auf präzise Ursache-Wirkung-Verhältnisse hin überprüfbar, also nicht den statistisch-mathematischen und strengen empirischen Verfahren zugänglich, die vielen als Grundlage ihrer Wissenschaft gelten. (Das löbliche Beharren auf wissenschaftlichen Standards wird aber dann fragwürdig, wenn es die Behandlung relevanter zum Gegenstand gehörender Fragen blockiert. Es gibt unterschiedliche Grade der Wissenschaftlichkeit, nicht nur die Alternative zwischen wissenschaftlich und unwissenschaftlich, und es ist vernünftiger, eine wichtige Frage mit dem zur Verfügung stehenden Grad von Wissenschaftlichkeit anzugehen, als sie zu ignorieren oder die Antworten der Beliebigkeit anheimzugeben.) Das Nichtwirtschaftliche taucht nur negativ, als Hindernis der Wirtschaft, auf – läßt man die Wirtschaft nur in Ruhe, werden alle prosperieren. Wirtschaftliches Wachstum wird als das Normale unterstellt, erklärungsbedürftig ist nur der Mißerfolg eines Landes. Der wird in der Regel als Resultat politischen Eingreifens in den Wirtschaftsprozeß gesehen.

Sei es, weil die Realität selbst den beiden genannten Theorien zunehmend widersprach, sei es, weil man sich der von jeher bestehenden Widersprüche zunehmend bewußt wurde, spätestens mit den neunziger Jahren wurden kulturalistische Positionen immer häufiger vorgetragen, diskutiert und auch akzeptiert, und man sprach bereits von einer »kulturalistischen Wende«. Lawrence E. Harrison veröffentlichte 1985 sein bahnbrechendes Werk »Underdevelopment Is a State of Mind«; Harrison ist Entwicklungsexperte und begann als jugendlicher Idealist bei Kennedys »Allianz für den Fortschritt« in Lateinamerika. Es waren seine jahrzehntelangen Erfahrungen in der Entwicklungsarbeit und Entwicklungspolitik, die ihn eher widerwillig zu seinen kulturalistischen Positionen getrieben haben. Mit »Who Prospers?« versuchte er 1992 zu klären, welche Auswirkungen kulturelle Werte auf wirtschaftliche und politische Entwicklungen haben. Im Jahre 2000 gab er dann zusammen mit Samuel P. Huntington den programmatischen Band »Culture Matters« heraus, der auch ins Deutsche übersetzt worden ist.[4] 2006 veröffentlichte er »The Central

---

4 Samuel P. Huntington/Lawrence E. Harrison (Hrsg.), Streit um Werte. Wie Kulturen den Fortschritt prägen, München 2004.

Liberal Truth«, worin er untersucht, wie Politik eine Kultur positiv verändern kann.

1997 hielt der Wirtschaftshistoriker Peter Temin vor der amerikanischen Gesellschaft der Wirtschaftshistoriker die Rede »Ist es koscher, über Kultur zu reden?«, und er bejahte die Frage: Es war koscher! 1998 erschien David Landes' »Wohlstand und Armut der Nationen«, worin der Wirtschaftshistoriker eine entschieden kulturalistische Haltung einnahm. Von Landes stammt auch die kulturalistische Parole »Max Weber hatte recht«. Ein anderer bedeutender Wirtschaftshistoriker – wirtschaftshistorische Kenntnisse scheinen kulturalistische Positionen zu befördern – hat vor kurzem eine sorgfältig abwägende Untersuchung und reservierte Unterstützung des Kulturalismus in der Ökonomie veröffentlicht.[5] Unbedingt genannt werden muß hier auch der amerikanische Wirtschaftswissenschaftler und Wirtschaftshistoriker Thomas Sowell, der in zahlreichen Werken den kulturalistischen Ansatz anhand einer Fülle von Datenmaterial demonstrierte.[6] Leider ist bislang keines seiner Werke ins Deutsche übersetzt worden.

Wenn wir Kulturen daraufhin untersuchen, wieweit sie Wohlstand und Wohlergehen der Menschen,

---

5   Eric L. Jones, Cultures Merging. A Historical and Economic Critique of Culture, Princeton 2006.

6   Wichtig ist vor allem Thomas Sowells Trilogie »Race and Culture« (1994), »Migrations and Cultures« (1996) und »Conquests and Cultures« (1998), alle New York.

Freiheit und Menschenrechte fördern oder hemmen, so können wir deutliche Unterschiede zwischen den Kulturen feststellen und sie unter diesem Aspekt bewerten. Ja wir müssen es tun, wenn wir an Veränderungen zum Besseren interessiert sind. Diese Veränderungen zum Besseren können von außen zwar »gefordert und gefördert« werden, im wesentlichen jedoch können sie nur von den betreffenden Kulturen selbst geleistet und nicht von außen auferlegt oder gar erzwungen werden.

Das Ende Europas?

Ansichten zur Integration der Muslime

ALS die französische Theaterregisseurin Rayhana
Anfang des Jahres nur knapp einem Terrorattentat
entging, fragte die Internationale Liga für Frauenrechte: »Wer hätte sich vorstellen können, daß im
Frankreich des Jahres 2010 eine Frau nur deshalb
angegriffen wird, weil sie ein Theaterstück geschaffen hat, das Islamisten mißfällt?« Ja, wer hätte
sich das vorstellen können? Ich zum Beispiel, und
recht bedacht wohl auch der Rest der Menschheit,
soweit er nicht seit über 30 Jahren im Koma liegt
oder anderweitig ebenso ignorant, weltfremd und
realitätsblind ist wie die Internationale Liga für
Frauenrechte. Zur Verbesserung des Vorstellungs-
vermögens seien hier einige Bücher empfohlen.

Wer die Weltläufte – auch die turbulenten und
bedrohlichen – mit kühler Distanz und Gelassenheit beschrieben und analysiert sehen mag, wird
sich von den Titeln der fraglichen Werke eher ab-
gestoßen fühlen. Aber es wäre ein Fehler, sie deshalb nicht zur Kenntnis zu nehmen, enthalten sie
doch eine Fülle meist gut belegter Fakten und Analysen, die auf eine besorgniserregende Entwicklung
hinweisen.

Der amerikanische Journalist Christopher Caldwell
stellt »Reflections on the Revolution in Europe«

an.[1] »Can Europe be the same with different people in it?« lautet die Frage auf dem Umschlag, und Caldwells Antwort ist ein klares Nein. Der Titel spielt natürlich auf Edmund Burkes Werk an, was freilich den Mund recht voll nehmen heißt; daß sich eine der Französischen Revolution vergleichbare Veränderung in Europa abzeichnet, vermag Caldwell nicht plausibel zu machen; und abgesehen davon war die Französische Revolution allem Blut und Terror zum Trotz ein großer Schritt auf dem Weg zur Freiheit – das wäre eine Islamisierung Europas nicht.

Bruce Bawer, ein in Norwegen lebender amerikanischer Autor, legte 2006 »While Europe Slept« vor und 2009 »Surrender«: Bawer versteht es, polemische Verve mit anschaulicher Schilderung und gründlichen journalistischen Recherchen zu verbinden – die von ihm geschilderten Fälle sind zuweilen geradezu unfassbar. Das gilt auch für Melanie Phillips' »Londonistan«, das die Entwicklung von Teilen Großbritanniens zum Hauptquartier des militanten Dschihad schildert und die von der Mehrzahl der politischen, gesellschaftlichen und kulturellen Eliten gewollte angestrengte Ignorierung dieser Tatsache.[2]

---

1 Christopher Caldwell, Reflections on the Revolution in Europe. Immigration, Islam, and the West, London 2009.

2 Bruce Bawer, While Europe Slept. How Radical Islam Is Destroying the West from Within, New York 2006. Ders., Surrender. Appeasing Islam, Sacrificing Freedom, New York 2009. Melanie Phillips, Londonistan. How Britain Has Created a Terror State Within, London 2008.

Nicht ausschließlich, aber doch überwiegend beschäftigt sich auch Walter Laqueur in »The Last Days of Europe« mit dem Problem der muslimischen Immigration und sieht darin einen der Hauptgründe für das Ende des alten Europa. Bat Ye'or, Verfasserin instruktiver Werke zur Lage der Minderheiten in den islamischen Ländern, sieht gar ein *Eurabia* entstehen, worin die Völker Europas unter arabisch-islamischer Herrschaft im Status der Dhimmitude leben werden. Das ist wenig überzeugend, gleichwohl sind die von ihr vorgelegten Dokumente, zumal was die Unverantwortlichkeit sowie den Mangel an Öffentlichkeit und Rechenschaftspflicht der EU in der Frage der Migration und den Beziehungen zu den arabischen Ländern betrifft, bedenkenswert.[3]

Eher sozialanthropologisch untersucht Lee Harris' »The Suicide of Reason« die islamische Welt und die des modernen Westens und zeigt das Dilemma einer Konfrontation beider auf, bei der der Westen nur verlieren kann, wenn er an seinen Prinzipien festhält.[4] Der flotte Slogan »Wir werden sie durch unsere Toleranz besiegen!« verkennt, daß es Bewegungen gibt, die sich nicht durch Toleranz besiegen lassen. Dafür hat gerade auch die neuere Geschichte reichlich Anschauungsmaterial geboten.

3 Walter Laqueur, The Last Days of Europe. Epitaph for an Old Continent, New York 2009. Bat Ye'or, Eurabia. The Euro-Arab Axis, Cranbury 2005.
4 Lee Harris, The Suicide of Reason. Radical Islam's Threat to the West, New York 2007.

Was ist also in dem Dilemma zu tun, damit sie nicht uns durch unsere Toleranz besiegen?

Jytte Klausen teilt in »The Islamic Challenge« die Besorgnis der obigen Autoren nicht, im Gegenteil, es gibt keine »Islamic Challenge«, und bis auf eine kleine Minderheit militanter Islamisten sind Letztere alle integrationsbereit. Integration bedeutet für Klausen eine Bringschuld des Gastlandes: »Als die Muslime erst einmal ihre Integration verlangten, wurde offensichtlich, wie sehr die Europäer und ihre Regierungen sich würden ändern müssen, um jenen entgegenzukommen.« Die Integrationsbereitschaft wächst gewiß, wenn die Anpassungsleistungen von der anderen Seite erbracht werden müssen. Klausen scheint jedoch die Integrationsbereitschaft der Yale University Press nicht recht würdigen zu wollen, wo ihre Untersuchung der dänischen Mohammed-Karikaturen und der weltweiten Folgen erschienen ist und der Verlag sich in einem Akt vorauseilenden Gehorsams weigerte, die fraglichen Karikaturen und andere Bilder Mohammeds in dem Band abzubilden.[5]

Klausen gelangt zu ihrem positiven Bild muslimischer Integrationsbereitschaft aufgrund solider sozialwissenschaftlicher Erhebungen, wobei aber der größte Teil der von ihr Befragten diese Integrations-

---

5 Jytte Klausen, The Islamic Challenge. Politics and Religion in Western Europe, Oxford 2007. Dies., The Cartoons That Shook the World, New Haven 2009.

bereitschaft bereits durch Wort und Tat bewiesen hatte: Vor allem Mitgliedschaft und Aktivität in politischen Parteien und Bürgerorganisationen waren das Auswahlkriterium. Das ist ein wenig so, als ob man für eine Untersuchung zur Armut in Deutschland Befragungen in Sylt und Starnberg vornähme und dann erklärte, daß von Armut keine Rede sein könne, im Gegenteil. Gleichwohl lohnt es sich, das Buch als Korrektiv zu den oben angeführten Werken zu lesen, zumal Klausen einen zentralen Problempunkt aufdeckt, der bislang nicht genug beachtet wurde: wie wenig die meisten europäischen Staaten im strengen Sinne säkular sind, wie sehr sie historisch in der Trennung von Staat und Kirche bei der Herausbildung der modernen Nationalstaaten Kompromisse mit den Kirchen machten oder machen mußten, die nun im Hinblick auf die rechtliche Gleichheit der Religionen, also auch der islamischen, zu Problemen werden.

Hervorheben will ich die Bremer Habilitationsschrift »Staat und Migration« von Stefan Luft, einen vorzüglichen Ratgeber in allen Fragen der Migration nach Deutschland.[6] Interessant ist Luft auch deshalb, weil die Integrationsprobleme in Deutschland auch bei ihm ein zentrales Thema darstellen, er aber weitgehend auf Kategorien wie Islam, Muslime etc. verzichtet und vor allem soziologischen,

6   Stefan Luft, Staat und Migration. Zur Steuerbarkeit von Zuwanderung und Integration, Frankfurt am Main 2009.

soziokulturellen, ökonomischen und anderen »säkularen« Erklärungsmodellen vertraut. »Staat und Migration« unterscheidet sich von den meisten Werken zur Migrationsforschung durch seine Ablehnung von Migrationsforschung als einer Leidensgeschichte, mit den Migranten einzig als Opfern der Mehrheitsgesellschaft – diese Sicht ist auch insofern falsch, als sie die Gewinne, ökonomisch und freiheitlich, der meisten Migranten in den Hintergrund rückt.

Niemals zuvor in der Migrationsgeschichte hat es einen derartig hohen Grad an materieller, rechtlicher und ideologischer Unterstützung der Migranten von staatlicher und nichtstaatlicher Seite gegeben wie im heutigen Europa, und Deutschland nimmt dabei einen der Spitzenplätze ein. Seit Jahrzehnten werden hier erhebliche Summen für Integration ausgegeben, in die Sprachprogramme allein sind Milliardenbeträge investiert worden. Schon die Gastarbeiter in den sechziger Jahren waren von Anfang an arbeits- und sozialrechtlich gleichgestellt, erhielten also Tariflohn, Arbeitslosengeld und -unterstützung, Kinder- und Wohnbeihilfe, Bafög, ärztliche Betreuung – das volle Programm. Das hatte denn auch zur Folge, daß das (1973 eingestellte) Gastarbeiterprogramm zwar für die Privatwirtschaft, auf deren Druck es eingeführt worden war, einen Erfolg darstellte, nicht aber gesamtwirtschaftlich, da die Folgekosten die Gewinne schließlich übertrafen. Generell gilt in Europa, daß die

Migranten insgesamt den Wohlfahrtsstaat mehr kosten, als sie zu ihm beitragen. Eine Lösung der Probleme Europas durch mehr Migranten, wie sie die EU wünscht, ist eher unwahrscheinlich.

Während früher den Einwanderern selbst die Last der Integration auferlegt wurde – und sie funktionierte in der Regel, auch ohne Sozialhilfen und Wohlfahrtsstaat und Antidiskriminierungsgesetze –, gilt heute Integration immer mehr als in die Verantwortung des Staates fallend. »Nie zuvor in der Geschichte der Migration gab es so viel Rücksichtnahme und Planung. Doch die Ergebnisse waren dürftig.« (Laqueur) Das hatte unter anderem zur Folge, daß der Anteil der Erwerbstätigen unter den Migranten stetig sank und eine Lebensplanung auf der Grundlage von Sozialhilfe möglich wurde. So machen etwa die Muslime in Dänemark fünf Prozent der Bevölkerung aus, nehmen aber 40 Prozent der wohlfahrtsstaatlichen Leistungen in Empfang – und andere Länder weisen ähnliche Mißverhältnisse auf. »Die Muslime in Europa erhielten mehr wohlfahrtsstaatliche Leistungen als jede andere Gruppe irgendwo und irgendwann.« (Bawer). Omar Bakri Mohammed, Gründer der islamistischen Hizb ut-Tahrir in England, lebte mit seiner Familie von wohlfahrtsstaatlichen Leistungen in Höhe von circa 2.000 Pfund im Monat. »Der Islam erlaubt mir, die Leistungen des (wohlfahrtsstaatlichen) Systems in Anspruch zu nehmen. Ich bin ohne Einschränkungen anspruchsberechtigt. Ohnehin lebt ja der größte Teil der Führerschaft der islamischen Bewegung von Sozialhilfe.«

Überall in Europa, wo eine nennenswerte Zahl muslimischer Zuwanderer sich niedergelassen hat, stößt man auf dieselben Probleme – und es scheint dabei keine Rolle zu spielen, ob die Muslime aus Pakistan oder aus der Türkei kommen, aus Algerien oder aus Bangladesch. Diese Probleme scheinen alle ihren Grund in der zunehmend mißlingenden Integration zu haben, wobei gerade auch die zweite und dritte Generation, die traditionell die Integration schaffte, nicht besser integriert sind. Deutlich zeigt sich dies an den ethnischen Kolonien vieler Städte.[7]

Das Bezirksamt Neukölln von Berlin schreibt 2004: »Da die Migranten einen Großteil der Neuköllner Bevölkerung ausmachen und die Integration in die deutsche Gesellschaft auf breiter Front missglückt ist, bildet sich immer stärker eine Parallelgesellschaft heraus.« Gleichzeitig konstatiert es eine »zunehmende Islamisierung der Neuköllner Altstadt«. Solche Viertel weisen einen überproportional hohen Anteil von Arbeitslosen und Sozialhilfeempfängern, von Armut und Schulabbrechern auf mit überproportional hohen Kriminalitätsraten und Gewaltdelikten. Die Bildungsferne des Elternhauses, die oft mit einem Desinteresse an der Schule einher-

---

7 Vgl. Rauf Ceylan, Ethnische Kolonien. Entstehung, Funktion und Wandel am Beispiel türkischer Moscheen und Cafés, Wiesbaden 2006. Ralph Ghadban, Die Libanon-Flüchtlinge in Berlin. Zur Integration ethnischer Minderheiten, Berlin 2008.

geht, trägt neben anderem zu einer geringen Schul- und Berufsausbildung der Heranwachsenden bei, zu Schulschwänzen und Schulabbruch. Die Kenntnisse der jeweiligen Landessprache sind gering, womit eines der wichtigsten Mittel des Ausbildungs- und Berufserfolges sowie der Integration entfällt.

Diese ethnischen Kolonien und der Aufenthalt darin perpetuieren sich, statt wie in den klassischen Einwandererländern Durchgangsstation zur Aufnahme in die neue Gesellschaft zu sein. Sie fördern Isolation und Segregation vom Aufnahmeland, was durch die Islamisierungswelle der letzten Jahrzehnte verstärkt wird. Sie können zu Gebieten eigenen Rechts werden, »islamischen Räumen«, wohin sich die Polizei nur noch im Großaufgebot wagt und in denen ein hoher Anpassungsdruck herrscht. »Regiert« werden sie von Imamen und Gemeindeführern, »Identitätswächtern«, die durch psychischen Druck und auch durch Zwang und Gewalt die Kultur des Herkunftslandes in ihrer traditionellsten und den Islam in seiner radikalsten Form durchsetzen. Hier werden Mißtrauen, Abneigung und Verachtung gegenüber der Aufnahmegesellschaft gelehrt, gepflegt, gefördert.

Wie sehr die Aufnahmegesellschaft abgelehnt wird, zeigt auch die Heiratspraxis: Mehrheitlich werden die Ehepartner aus dem Herkunftsland geholt und selbst den potentiellen Ehepartnern der eigenen Ethnie im Aufnahmeland vorgezogen, von den Einheimischen ganz zu schweigen. So fällt eines der probatesten Integrationsmittel weitgehend aus. Eine Untersuchung über jugendliche Zuwanderer aus dem Jahr 2003 faßt Luft so zusammen: »Statistisch besteht ein Zusammenhang zwischen ausgeprägt islamischer Orientierung, sozialer Deklassierung und mangelnder Integration.« Während aber »bei einheimischen Jugendlichen eine hohe Religiosität mit günstigen sozioökonomischen Rahmenbedingungen einhergeht, verhält sich dies bei den Migranten umgekehrt ... Deutlich ist allerdings bei den muslimischen Jugendlichen, daß das Bildungsniveau dann am niedrigsten im Vergleich aller Migrantengruppen ausfällt, wenn ihre Religiosität stark ausgeprägt ist.«

Die Zahl der muslimischen Immigranten ist im Vergleich zur Gesamtbevölkerung noch gering und meist im einstelligen Bereich, zwölf Prozent in Frankreich; problematisch ist deren Konzentration in bestimmten Städten, wo ihr Anteil an der Gesamtbevölkerung oft 30 oder mehr Prozent beträgt, bei Kindern und Jugendlichen zuweilen schon mehr als die Hälfte, genauer: in bestimmten Stadtvierteln. Sie weisen die höchsten Geburtenzahlen auf, was für viele Städte den Zeitpunkt absehbar macht, wo die Kultur und Religion dieser ethnischen Kolonien majoritär werden und die Städte in einem von den meisten Einheimischen und von vielen – auch muslimischen – Zugewanderten nicht gewünschten Sinne prägen werden.

Die Idee einer islamischen Eroberung Europas ist keineswegs Erfindung hysterischer Islamophober –

sie wird den Europäern immer wieder von Muslimen unter die Nase gerieben. Der Imam Abu Baseer erklärt: »Eines der Ziele der Immigration ist die Neubelebung des Dschihad und die Geltendmachung der Macht über die Ungläubigen. Immigration und Dschihad gehören zusammen. Das eine ist Folge des anderen und hängt davon ab.« Einer der Führer der dänischen Muslime hat einen Traum: »Wir werden schließlich die Mehrheit sein.« Ein bei jungen Muslimen in Stockholm beliebtes T-Shirt trug die Aufschrift »2030 – dann übernehmen wir«. Beim Prozess gegen die Islam4UK-Gruppe in England trug ein Demonstrant vor dem Gericht ein Plakat mit der Aufschrift »Islam will dominate the world. Freedom can go to Hell«.

Bereits 1974, mit dem Beginn der Reislamisierungswelle, hatte der algerische Präsident Boumedienne vor der UN-Generalversammlung erklärt: »Der Leib unserer Frauen wird uns den Sieg bescheren.« 1978 forderte eine vom Islamic Council in Europe organisierte Konferenz die Muslime auf, ihre eigenen religiösen Gemeinschaften von den Behörden als gleichberechtigt mit anderen anerkennen zu lassen – soweit kein Problem. Dann heißt es: »Schließlich kann die Gemeinschaft versuchen, politische Rechte als eine die Nation konstituierende Gemeinschaft zu erlangen. Sobald sie diese Rechte erhalten hat, sollte die Gemeinschaft versuchen, ihre spezifischen Merkmale auf die gesamte Nation hin auszudehnen.«

Für den mangelnden ökonomischen und Integrationserfolg der muslimischen Einwanderer werden oft Rassismus, Fremdenfeindlichkeit, Diskriminierung verantwortlich gemacht. Die gibt es in der Tat, und es sollte sie nicht geben. Davon sind aber nicht nur die Muslime betroffen – und nicht mehr als andere. Zu keiner Zeit waren Rassismus, Xenophobie und Diskriminierung gesellschaftlich so geächtet, und nie zuvor waren die Einwanderer rechtlich so weitreichend geschützt. Unter in dieser Hinsicht weit ungünstigeren Bedingungen gelang früher von großen Teilen der einheimischen Bevölkerung abgelehnten und angefeindeten Gruppen wie den Juden oder Chinesen Integration und schließlich ein – über das Niveau der einheimischen Bevölkerung hinausgehender – Wirtschaftserfolg. Und beides erreichen auch heute in Europa Migrantengruppen wie die Vietnamesen, die indischen Hindus und andere. Warum reüssieren in der Regel die orthodoxen Zyprioten, nicht aber die muslimischen Türken? Außerdem gibt es ja zahlreiche Muslime, die in die europäischen Gesellschaften integriert und wirtschaftlich erfolgreich sind, und zwar in solcher Zahl, daß von einer generellen Verhinderung von Integration und Berufserfolg durch die genannten Faktoren nicht die Rede sein kann.[8]

---

8 Vgl. Erkan Arikan/Murat Ham, Jung, erfolgreich, türkisch. Ein etwas anderes Porträt der Migranten in Deutschland, Bergisch Gladbach 2009.

Das gilt auch für das von Muslimen ins Feld geführte apologetische Argument einer speziellen westlichen Feindseligkeit ihnen gegenüber, was zunächst als »Feindbild Islam«, dann als »Islamophobie« und in seiner neuesten Variante als »Aufklärungsfundamentalismus« vorgebracht wird. Aber das trifft weder historisch noch für die Gegenwart zu: Keine andere Religion kann sich einer so weitreichenden und passionierten Verteidigung von staatlicher Seite und in den Medien erfreuen wie der Islam, die Bücher von Bawer und Phillips belegen das überzeugend.

Muslime in aller Welt sehen sich als Opfer einer Verschwörung des Westens (und der Juden, wahlweise auch der Freimaurer) gegen den Islam. Premierminister Mahathir von Malaysia erklärte in seiner Eröffnungsrede vor der Islamic Summit Conference im Oktober 2003: »Wir sind alle Muslime. Wir werden alle unterdrückt. Wir werden alle gedemütigt.« Die Muslime seien mit »der Zerstörung ihrer Religion und der Ummah« konfrontiert. Solcher Paranoia muß der Gedanke einer Islamophobie des Westens ganz selbstverständlich vorkommen. Erklärenswert wäre jedoch, warum die Idee im Westen selbst solchen Anklang fand und unermüdlich und ohne handfestes Beweismaterial herumgereicht wird.

Kenan Malik hat nach der Islamophobie in England gefragt und stellte entnervt fest: Die Behauptung einer weitverbreiteten Islamophobie werde durchgängig so widerspruchslos akzeptiert, »daß sich niemand auch nur die Mühe macht, sie zu überprüfen« (»Guardian«, 7. Januar 2005). Malik zufolge ist die Vorstellung einer weitverbreiteten Islamophobie in England falsch. Im Jahre nach 9/11, als eine Welle von Übergriffen zu erwarten gewesen wäre, stellte die Islamic Human Rights Commission 344 Vorfälle fest: »die meisten davon relativ geringfügige Vorkommnisse wie Stoßen oder Bespucken«. Das sei gewiß schlimm für die Opfer, »aber zusammengenommen erlauben sie nicht, von einer Atmosphäre unkontrollierter Feindseligkeit gegenüber Muslimen zu sprechen«. Bawer hat die entsprechenden Zahlen für die USA untersucht. Der Council for American Islamic Relations beklagte einen dramatischen Anstieg von *hate crimes* gegen Muslime in den USA seit 9/11: von 42 Fällen 2002 auf 141 im Jahre 2004.

Dem Bericht des FBI über *hate crimes* im Jahre 2009 zufolge waren drei Viertel der Opfer rassistisch motivierter *hate crimes* (insgesamt etwa 4.000) Schwarze (»Blacks«), und die Juden stellten drei Viertel der Opfer religiös motivierter Übergriffe, deren Gesamtzahl fast 1.600 betrug. Ensprechende Verbrechen gegen Muslime machten nur acht Prozent der religiösen *hate crimes* aus: knapp 530 (bei einer Gesamtzahl der Einwohner von 300 Millionen).

Die Konzentration auf Islamophobie als Hauptproblem ist um so schwerer verständlich, als die Opfer ethnisch motivierter Übergriffe und Gewalttaten zumeist Juden, andere Einheimische und Mitglieder anderer Ethnien sind, wobei Muslime die Haupttätergruppe stellen. »Der Zahl der Verhaftungen und Verurteilungen zufolge werden erheblich mehr – ethnische und kriminelle – Gewalttaten von jungen Muslimen begangen als von ›Islamophoben‹«, schreibt Laqueur. Generell waren in den letzten Jahren Gewalttaten von Muslimen gegen Nichtmuslime sehr viel häufiger als umgekehrt. Im Jahre 2001 versechsfachten sich die Gewaltakte gegen Juden und jüdisches Eigentum in Europa. Allein in Frankreich wurden zwischen September 2002 und März 2003 über 1.300 einschlägige *hate crimes* gezählt.

Das Schicksal eines EU-Berichts über diese Welle des Antisemitismus verrät einiges über die EU und die obwaltende Islamophilie in Europa. Der Bericht brachte nicht das gewünschte Ergebnis – weiße einheimische Jugendliche als Haupttäter –, sondern verwies auf muslimische Jugendliche. EU-Generalsekretär Solana verweigerte Mitte 2003 die Veröffentlichung: Der Bericht entspreche nicht den Qualitätskriterien. Als der Bericht dann ein Jahr später doch erschien, war er begleitet von einer Pressemitteilung: »Die größte Gruppe von Tätern bei antisemitischen Aktivitäten scheinen junge, unzufriedene weiße Europäer zu sein.« Eine weitere Quelle des Antisemitismus »in einigen Ländern« seien junge Muslime. Aber aus den Daten des Berichts ergab sich, daß das Gegenteil zutraf.

Keine andere Migrantengruppe beklagt sich so häufig über Diskriminierung und Mangel an Respekt und stellt derart exorbitante Forderungen, deren Zurückweisung dann als weiterer Beweis für Islamophobie gilt. Als der frühere englische Innenminister Charles Clarke 2005 erklärte, über die Einführung des Kalifats und der Scharia, die Aufhebung der Gleichheit der Geschlechter und der Meinungsfreiheit könne es keine Verhandlungen geben, sah ein Vertreter von Hizb ut-Tahrir Britain darin »einen Angriff gegen den Islam«. Ein dänischer Muslimführer beklagte sich 2004 über den Säkularismus der dänischen Gesellschaft als »eine widerwärtige Form der Unterdrückung«.

Und keine andere Migrantengruppe droht derart ungeniert und ungestraft – und erfolgreich – mit Gewalt, sobald sie sich gekränkt oder herausgefordert fühlt. Gleichwohl gilt ihr die bis an Selbstaufgabe reichende Rücksichtnahme seitens der Regierungen und Medien. Um bei der EU zu bleiben: Zusammen mit den EU-Regierungen soll ein »gemeinsames Lexikon« erstellt werden, wodurch »den Entstellungen des muslimischen Glaubens und der Entfremdung der muslimischen Gläubigen« ein Riegel vorgeschoben wird.

Daß auch die Medien diese befremdliche Selbstzensur gegenüber den Muslimen praktizieren, legt zumindest der Fall der amerikanischen Society of Professional Journalists nahe, deren erklärtes Ziel die Verteidigung der Meinungsfreiheit und -vielfalt ist. Auf ihrem Kongreß im Jahre 2007 verabschiedete sie eine Reihe von Richtlinien für die Berichterstattung über Araber und Muslime: »Wenn Sie über Terrorismus schreiben, vergessen Sie nicht, weiße Rassisten, radikale Abtreibungsgegner und andere Gruppen mit vergleichbaren Aktivitäten einzubeziehen.« Wortverbindungen wie *islamic terrorist* oder *muslim extremist* seien zu vermeiden.

Bevor untersucht wird, inwieweit der Islam als Religion und kulturelles System für die Integrationsschwierigkeiten und -widerstände bei den Muslimen verantwortlich sein könnte, sollen kurz die nichtreligiösen Faktoren vorgestellt werden, die die Migrations- und Sozialforschung generell als Integrationshemmnisse ausfindig gemacht hat.

Als generelle, unabhängig von der Herkunftskultur und -religion geltende Integrationshindernisse werden plausibel folgende Faktoren genannt: Wenn es stimmt, daß Arbeit und Arbeitsplatz ein wesentlicher Integrationsfaktor sind, dann kann das Wegbrechen der traditionell für ungelernte Migranten geeigneten industriellen Arbeitsplätze in den letzten Jahrzehnten ein wesentlicher Grund für den Integrationsmißerfolg sein.

Wenn es stimmt, daß schulische und berufliche Bildung sowie gute Kenntnisse der Sprache des Aufnahmelandes wichtige Voraussetzungen für einen Arbeitsplatz und beruflichen Erfolg sind, dann ist die fehlende Qualifikation der meisten muslimischen Migranten ein Integrationshindernis. Anders gesagt: Eine Immigrationspolitik, die nicht auf die Qualifikation der Immigranten achtet, ist ein Fehler. Und wenn der Bildungsstand der Eltern von besonderer Bedeutung für den schulischen Erfolg der Kinder ist, dann ist der niedrige Bildungsstand der meisten muslimischen Eltern ein Integrationshindernis auch für die Kinder.

Wenn es stimmt, daß die Herkunft aus einem traditionellen bäuerlich-dörflichen Milieu oder aus der städtischen Unterschicht ein Integrationshindernis darstellt, haben viele muslimische Migranten Probleme mit der Integration. Ein ebenfalls für alle Migranten geltendes, traditionsbewahrendes Integrationshindernis sind paradoxerweise die Folgen des ihnen zur Verfügung stehenden technischen Fortschritts, der es erlaubt, einen fast ununterbrochenen Kontakt mit dem Herkunftsland aufrechtzuerhalten, sei es die persönliche Kommunikation mit Verwandten und Freunden via Telefon und Internet, sei es allgemeine Information oder Unterhaltung über die Medien (Zeitungen, Internet und vor allem Satelliten-TV). Billige Flüge erlauben jährlich längere Aufenthalte in der alten Heimat. Je intensiver der Kontakt mit dem Herkunftsland, desto geringer in der Regel die Integrationsbereitschaft.

Hinzu kommen im Fall der muslimischen Migranten die Interventionen der Herkunftsländer, die erhebliche finanzielle und kulturpolitische Anstrengungen unternehmen, die Migranten an der Integration zu hindern – von Koranschulen und anderen kulturellen Einrichtungen bis zur Entsendung von Lehrern, Imamen etc. Das gibt es bei anderen Gruppen in viel geringerem Maße, wenn überhaupt.

Immer wieder wird überraschenderweise von den Autoren der Sozial- und Wohlfahrtsstaat als Integrationshindernis angeführt. Naiverweise würde man annehmen, daß die Fürsorge des Aufnahmestaates Anerkennung finden und die Integration fördern würde. Oft waren ja eben diese Sozialleistungen das Motiv für die Migration. Traditionell fungierten die Arbeit und der Arbeitsplatz als eine wesentliche integrative Instanz. Der Sozialstaat unterminiert dieses Prinzip, indem Erwerbslosigkeit materiell so weit abgesichert ist, daß ein Existenzniveau weit über dem im Herkunftsland durch Arbeit erzielbaren möglich wird. Ein Bericht des Bezirksamtes Neukölln beschreibt das Dilemma: »Kinder und Jugendliche wachsen in einem sozialen Umfeld auf, in dem die Nichtteilhabe am Erwerbsleben und die Abhängigkeit von staatlicher Unterstützung Normalität sind. Dies hat Konsequenzen für die Integrations- und Leistungsbereitschaft.« Ghadban formuliert das so: »Ein unerwarteter Effekt der Wohlfahrt besteht darin, die Abkapselung der Gruppe zu fördern und die Integration zu verhindern, eigentlich den Sinn und Zweck der Sozialhilfe zu verfehlen.«

Wenn aber diese Integrationshindernisse für alle Migranten gelten, warum haben dann in der Regel die Muslime deutlich mehr Integrationsschwierigkeiten als andere Migrantengruppen? Warum ist die Segregation der türkischstämmigen Bevölkerung in Deutschland besonders stark ausgeprägt? Warum wohnt und lebt sie lokal sehr viel konzentrierter, während die anderen Gruppen eher im Stadtgebiet verstreut leben? Warum ist ihre Arbeitslosenquote sehr viel höher – in England ist die Arbeitslosigkeit unter den Muslimen dreimal so hoch wie bei anderen? Warum findet sich nur bei den Muslimen massenhaft das Phänomen der Heiratsmigration (»Importbräute«)? Warum unterscheiden sich die Türken am deutlichsten von den Deutschen in Bildungsniveau, beruflicher Qualifikation, Bildungsferne? Warum ist gerade unter Muslimen die freiwillige Selbstabgrenzung und Verachtung der Kultur des Aufnahmelandes so weit verbreitet?

Neben den oben angeführten generellen Integrationshindernissen wird immer wieder im Fall der Muslime der islamische Fundamentalismus als Grund angeführt. Aber warum sollte der islamische Fundamentalismus Integrationshindernis sein? Andere religiöse Fundamentalismen waren dies nicht. Die Geschichte der Migration ist voll von fundamentalistischen Bewegungen und Sekten, die in Länder, die ihnen Religionsfreiheit gewährten, auswanderten und sich dort früher oder später integrierten.

Die obligate absolute Unterscheidung von Islam und Islamismus dürfte ein Hindernis für genaueres Nachfragen gewesen sein. Generell galt: Die Guten gingen ins Töpfchen des Islam, die Schlechten ins

Kröpfchen des Islamismus. Die beiden, so der gewünschte Eindruck, haben nichts miteinander gemein: Der Islam war zum Islamismus gekommen wie die Jungfrau zum Kind. Aber es gibt theologisch und politisch-ideologisch nichts Wesentliches am Islamismus, das sich nicht in der Geschichte des Islam finden ließe. Der Islamismus breitet sich nicht deshalb weltweit unter den Muslimen aus, weil er eine ganz neue, faszinierende Form des Islam wäre, sondern weil er die seit mehr als 1.000 Jahren vertrauten Gebote und Verbote des Islam gegen eine sich globalisierende Moderne stellt. Der Islamismus läßt sich als eine Reislamisierung und eine der – schon von Ibn Khaldun beschriebenen – periodisch in der Geschichte des Islam auftretenden Erneuerungs-, Reinigungs- und Erweckungsbewegungen verstehen. »Der Islam herrscht, er wird nicht beherrscht.« So lautet ein Hadith. Der Islam erstrebt nicht ein gleichberechtigtes Nebeneinander mit anderen Religionen und kulturellen Systemen, sondern die Herrschaft des Islam über die anderen, die zu seinem superioren System – der besten Gemeinschaft, die je auf Erden entstand – in einem Verhältnis der Inferiorität und Duldung stehen. Der Respekt, der von den Muslimen unermüdlich eingeklagt wird, meint nicht die Anerkennung als Gleichberechtigte, sondern als Superiore und damit die Bekundung der Inferiorität der anderen. Superiorität bedeutet Ehre, Inferiorität Demütigung und Unterwürfigkeit. Beides soll öffentlich sichtbar gemacht werden durch Gesten und Worte. »Überall dort, wo Muslime leben, beansprucht der Islam unbedingte Geltung für sich«, heißt es bei Bassam Tibi. In den islamischen Ländern war und ist es Tradition, daß die Ungläubigen einzig in der Rolle unterworfener Schutzbefohlener geduldet werden, nicht als Gleiche.

Das angemessene Verhältnis des Nichtmuslims zu den Muslimen ist das des Dienens. Ein Muslim darf dementsprechend nicht im Verhältnis eines Befehlsempfängers zu einem Nichtmuslim stehen: Man kann sich unschwer vorstellen, welche Konsequenzen dieses Gebot, wird es denn ernst genommen, für die Integration im Bildungsbereich und am Arbeitsplatz hat. Im Falle einer Isolation von der deutschen Gesellschaft und einer exzessiven Orientierung an der Herkunftskultur, so Ghadban, werde »die deutsche Gesellschaft nicht als eigene betrachtet, sondern als Beutegesellschaft, die zugunsten der eigenen Gesellschaft auszunutzen wäre«. Wenn Omar Bakri erklärt, der Islam billige seinen Empfang von Sozialleistungen von einem nichtislamischen Staat, meint er damit die Tributzahlung, die die geduldeten Nichtmuslime den Muslimen schulden. Eine solche islamische Uminterpretation der Sozialhilfe könnte zu ihrer Akzeptanz als Normalität sowie zu ihrem Mißbrauch bei vielen Muslimen beitragen.

Prinzipiell steht die Welt des Islam in einem feindlichen Verhältnis zu den nichtislamischen Ländern: Sie gelten bekanntlich als Gebiet des Krieges,

gegen das bis zu seiner Islamisierung Krieg zu führen ist; einen dauernden Frieden darf es nicht geben, nur einen vorübergehenden Waffenstillstand.
Diese Feindseligkeit gilt auch für das Verhältnis der
Muslime zu den – geduldeten – Nichtmuslimen
innerhalb einer islamischen Gesellschaft. So ist es
etwa der muslimischen Frau verboten, einen Nichtmuslim zu heiraten. Mit dem Tod gar wird die Konversion eines Muslims bestraft.

Eine Konsequenz einer derartigen feindlichen
Haltung kann das Streben nach der Schaffung islamischer Räume innerhalb der nichtislamischen Gesellschaft sein. Luft zitiert eine Studie des Zentrums
für demokratische Kultur von 2004: »Mit ihren viel-
fältigen Aktivitäten versuchen islamistische Organi-
sationen, ›islamisierte Räume‹ zu schaffen, Milieus,
in denen das gesamte Leben der Gemeinschaft den
religiösen Vorschriften entsprechend gestaltet wird,
einschließlich der Rechtsordnung.« Laut Ghadban
verfestigt und legitimiert die fortschreitende Islamisierung die Strukturen der Parallelgesellschaft: »Es
wird in allen Antworten deutlich, daß die Personen
sich keine soziale Eingliederung in die deutsche
Gesellschaft vorstellen können und sie ihr eigenes
soziales Milieu bewahren möchten.«

Verstärkt werden kann diese Feindseligkeit durch
eine vor allem unter Schiiten verbreitete, bis zum Abscheu gehende Abneigung gegenüber der rituellen
Unreinheit der unbeschnittenen, schweinefleisch-
essenden, alkoholtrinkenden, sexuell ausschweifen-

den, schlimmstenfalls gar homosexuellen Ungläubigen. Hier kann dann der Kontakt sogar zur Verunreinigung des Gläubigen führen. Auf der mit Khomeini in der gesamten islamistischen Bewegung wieder zu Ehren gekommenen traditionellen Liste der unreinen Dinge stehen neben Hund, Schwein, Urin, Exkrementen etc. auch die Nichtmuslime.

Der Islam kollidiert mit dem säkularen Staat und Recht, mit der Demokratie und der Idee der Volkssouveränität und der Gleichheit aller Bürger vor dem Gesetz. Das gilt auch für das westliche Prinzip des Individualismus: der nur durch allgemeine Gesetze einschränkbaren Selbstbestimmung des autonomen Einzelnen. Das islamische Recht steht im Zentrum des Islam. Dieses »göttliche Recht beschränkt sich nicht auf die Ordnung der äußeren Dinge des Lebens; es gilt ohne Einschränkung für alle Lebensbereiche«, schreibt Bassam Tibi. Dadurch ist auch »die Entsprechung des Sakralen und des Politischen im Islam« bedingt, religiöse und politische Funktionen gehen ineinander über: »Bis heute können wir kein säkularisiertes Sozialsystem im islamischen Orient vorfinden.«

Der Islam als kulturelles System sanktioniert den religiösen Totalitarismus und verhindert die Verwirklichung der Menschenrechte. Islam bedeutet Absenz von Religionsfreiheit und von Toleranz im neuzeitlichen Sinne, Unterdrückung von Minderheiten und Frauen. »Nieder mit allen Demokratien und allen Demokraten!« rief der Berliner

»Haßprediger« 2004 – ein Kollege in Kopenhagen schloß sich ihm an: »Kein Muslim kann Säkularismus, Freiheit und Demokratie akzeptieren. Allah allein steht es zu, die Gesetze zu erlassen, wie eine Gesellschaft geordnet sein soll. Die Muslime wünschen und ersehnen, daß das Gesetz Allahs das Gesetz der Menschen ersetzt.«

Eines der wichtigsten Integrationshindernisse für Muslime ist die Angst, daß die Frauen – Ehefrauen, Töchter, Schwestern – verwestlichen und vor allem durch Verstöße im Bereich der Sexualmoral die Ehre der Familie verletzen. Es ist fraglich, wie weit sich das notwendig aus dem Islam ergibt, Tatsache aber ist, daß es in erster Linie Muslime sind, die diese Befürchtungen hegen, Frauen im Hause und unter männlicher Bewachung halten und Gewalt gegen Frauen und Ehrenmorde begehen. »Man hätte erwartet, daß die Menschen im Kontakt mit der Moderne in Deutschland zu einem mehr emanzipatorischen Verständnis der Position der Frau kommen würden, die Untersuchung zeigt aber das Gegenteil«, berichtet Ghadban von der von ihm untersuchten Gruppe libanesischer Muslime. Die Überwachung und Kontrolle der Frauen als Träger der Ehre des Mannes und der Familie, die inferiore Stellung der Frau im Islam differieren erheblich von der in Deutschland angestrebten Rolle der Frau.

Ein weiterer, für die Integration indirekt relevanter Gesichtspunkt ist die religiöse Legitimierung von Gewalt im Islam. Wohl nicht zufällig weigerten

sich im April 2005 die islamischen Länder in der UN
Human Rights Commission, der geplanten Ächtung
religiöser Gewalt zuzustimmen. Nach den Terror-
anschlägen in London im selben Jahr wurde in der
UN Sub-Commission on Human Rights erneut ein
Versuch unternommen, im Namen einer Religion
begangene Mordtaten zu verurteilen, aber die Rede
des Antragstellers wurde von Vertretern der islamischen Länder so oft unterbrochen, daß er sie nicht
beenden konnte.

»Zugewanderte Jugendliche – insbesondere aus
dem islamischen Raum – sind hinsichtlich Ge-
walttätigkeit deutlich stärker auffällig als andere
Gruppen«, schreibt Stefan Luft. Einer von ihm zitierten Untersuchung zufolge erfahren muslimische
Jugendliche »wesentlich häufiger als andere inner-
familiäre Gewalt«. »Anders als in allen anderen
religiösen Gemeinschaften« gehe mit erhöhter Religiosität »keine stärkere Ablehnung jugendlichen
Gewalthandelns durch die Eltern« einher. »Insgesamt ergibt sich somit ein konsistentes Bild dahin-
gehend, daß muslimische Jugendliche sowohl auf
der Einstellungs- als auch auf der Verhaltensebene
eine deutlich stärkere Neigung zu Gewalt erkennen
lassen.« Das läßt sich nicht, wie eine andere Studie
zeigt, auf die üblichen Verdächtigen zurückführen:
»Die höhere Gewaltbelastung ist real. Weder die
häufig schlechte soziale Lage, das niedrige Bildungsniveau noch ein selektives Anzeigeverhalten
oder Mechanismen der Strafverfolgungsbehörden

können also die höhere Gewaltbelastung insbesondere Jugendlicher türkischer Herkunft erklären.«

Auffällig ist auch, daß es den muslimischen Gewalttätern oft nicht um das normalerweise mit einer bestimmten Gewalttat verbundene Ziel geht: »Die Täter demonstrieren mit diesen Gewalttaten auch Macht. Die Opfer erleben dies als traumatisierend«, ergibt sich aus einer anderen Untersuchung. Dem Verfasser einer Langzeitstudie über eine türkische Jugendbande gab deren »Grausamkeit und Rücksichtslosigkeit doch Rätsel auf«: »Charakteristisch scheint mir für viele Gewaltsituationen, daß ... Gewalt eine eigentümliche Bedeutung aus der Erniedrigung der Opfer gewann.«

Das gilt wohl auch bei der Gewalt gegen Frauen, die im Fall sexueller Gewalt zugleich die Demütigung und Entehrung der gesamten Familie nach sich zieht. (Es hilft aber, wenn man die vergewaltigte Frau umbringt.) Bei Laqueur heißt es: »Alle Experten stimmen darin überein, daß der Prozentsatz junger Muslime in europäischen Gefängnissen ihren Anteil an der Bevölkerung bei weitem übersteigt. Das gilt auch für die Fälle von Vergewaltigung, die in vielen Banden Teil des ›rite de passage‹ geworden ist, besonders in Frankreich und in geringerem Maße in Skandinavien und Australien.« 2001 wurde berichtet, daß in Norwegen 65 Prozent der Vergewaltigungen von »nichtwestlichen Immigranten« (zwei bis drei Prozent der Bevölkerung) begangen wurden (die Statistik von 2007

zeigte kein Sinken der Rate an). Ein Mufti in Dänemark erklärte laut Bawer, »daß Frauen und Mädchen, die kein Kopftuch tragen (einschließlich der
Nichtmuslime), keinen Respekt verdienten und selber dafür verantwortlich seien, wenn sie vergewal-
tigt werden«.

Antisemitismus: Die islamische Judenfeindschaft
ist im Koran und den Hadithen vorgegeben und
wurde mittlerweile, unter anderem auch durch die
Väter des Islamismus, auf den Stand des nazisti-
schen Antisemitismus gebracht – »Mein Kampf« ist
neben den »Protokollen der Weisen von Zion« ein
oft angebotenes Buch in vielen islamischen Ländern.
Nirgendwo herrscht heute ein so brutaler, mord-
lustiger Antisemitismus wie unter den Muslimen
in der islamischen und außerislamischen Welt.
Wer hätte sich vorstellen können, daß »Die Proto-
kolle« als eine »aktualisierte« einundvierzigteilige
Fernsehserie, zur besten Sendezeit 2003 in Ägypten
verbreitet, an mehr als 20 andere arabische Sender
verkauft wird? Wo sonst wird noch die Mär vom mit
dem Blut nichtjüdischer Kinder gebackenen Matze-
brot verbreitet? Wo sonst wird der Holocaust laut
und öffentlich selbst von den Spitzen des Staates geleugnet? Schon 1992 schrieb Daniel Easterman, es
verbreite sich in der arabischen Welt »eine Form des
Antisemitismus, die sich meiner Ansicht nach nur
mit den Vorgängen im Dritten Reich ... vergleichen
läßt. Politischer Antizionismus wird zunehmend
von primitivster antijüdischer Polemik verdrängt.«

Das hindert die islamische Propaganda keineswegs daran, das Entsetzen und die Schuldgefühle über den Holocaust im Westen für sich zu instrumentalisieren und die Muslime als die »neuen Juden« darzustellen, als die prospektiven Opfer des anstehenden nächsten Holocaust in Europa. Es gibt anscheinend Leute, die so etwas ernst nehmen. Wenn, um einen Namen zu nennen, ein Antisemitismusforscher wie Wolfgang Benz Islamkritikern eine Verwandtschaft mit dem Antisemitismus unterstellt (und allein der Antisemitismus in der Welt des Islam wäre schon Grund genug, diesen zu kritisieren), anstatt sich um die virulenteste Form des Antisemitismus in der heutigen Welt zu kümmern, drängt sich das Wort »realitätsgestört« auf. So will man heute an den Muslimen gutmachen, was damals an den Juden verbrochen wurde.

Doch für die Vermutung, daß der Islam selbst ein wichtiger Faktor bei der auf breiter Front mißlingenden Integration der Muslime in die westliche Gesellschaft sein könnte, spricht tatsächlich vieles.

Die hier versammelten Essays (mit Ausnahme von »Ich bin ein selbsternannter Islamkritiker!«) sind im Laufe der vergangenen Jahre in der Zeitschrift »Merkur« erschienen und wurden vom Autor für diesen Band überarbeitet und aktualisiert.

2011
zu Klampen Verlag
Röse 21 · D-31832 Springe
info@zuklampen.de · www.zuklampen.de

❧

Reihenentwurf: Martin Z. Schröder, Berlin
Satz: textformart, Göttingen
Gesetzt aus Baskerville Ten
Druck: CPI – Clausen & Bosse, Leck

❧

ISBN 978-3-86674-145-4

❧

Bibliographische Information der
Deutschen Nationalbibliothek:
Die Deutsche Nationalbibliothek
verzeichnet diese Publikation in der
Deutschen Nationalbibliographie;
detaillierte bibliographische Daten
sind im Internet abrufbar:
http://dnb.d nb.de